AF451459

EL DESIERTO NUNCA SE ACABA

ANTOLOGÍA

Colección Lumía

El desierto nunca se acaba
Colección Lumía
Serie Poesía
D.R. © Textofilia S.C., 2013.
D.R. © Herederos de José Watanabe.
D.R. © Introducción y selección Tania Favela Bustillo.
D.R. © Entrevista con José Watanabe por Ajos & Zafiros.
D.R. © Portada "Lunática 1" de Magali Lara, 1995. Óleo sobre madera
180 x 120 cm.

D.R. © Diseño interiores y portada Textofilia S.C.

Textofilia Ediciones

Morena 1205, Int. 4,
Col. Narvarte, Del. Benito Juárez,
C.P. 03020, México, D.F.
Tel. 55 75 89 64

editorial@textofilia.com
www.textofilia.com

Primera edición.

ISBN: 978-607-7818-16-8
Impreso en México.
Printed in Mexico.

Agradecemos a Magali Lara por la portada de este libro.
www.magalilara.com.mx

[EL DESIERTO NUNCA SE ACABA]

ANTOLOGÍA

JOSÉ WATANABE

INTRODUCCIÓN

EL LUGAR ES EL POEMA[1]

En el poema "Simeón, el estilita" que se encuentra en el libro *La piedra alada*, José Watanabe esboza una poética:

Hagámosle caso a Simeón, oigamos
sus consejos, sus prédicas, sus advertencias
      porque nos habla desde un sitio perfecto.
La sabiduría
consiste en encontrar el sitio desde el cual hablar.

Simeón nos habla desde lo alto de una columna
de piedra marmórea
que ha tallado
      y plantado en medio del desierto.

No está, pues, ni en el cielo ni en la tierra.[2]
[...]

La sabiduría consiste en encontrar el sitio desde el cual hablar, ese sitio es, en principio, el poema, el espacio desde donde se alza la voz para decir. El poeta es para Watanabe un constructor;

---

[1] Gracias al trabajo editorial de Hugo Gola en sus revistas *Poesía y Poética* (1990-1999) y *El poeta y su trabajo* pude conocer la poesía de José Watanabe. Desde 1998, Gola publicó algunos de sus poemas y continuó incluyéndolo en distintos números de *El poeta y su trabajo*. Paralelamente, ha publicado la obra de otros poetas peruanos como Vallejo, Moro, Sologuren, Eielson, Westphalen, Montalbetti, etc.

[2] José Watanabe, *La piedra alada*, España, Pre-textos, 2005, p. 57.

construye, como Simeón, una plataforma que lo sostenga, un espacio en el que puedan habitar sus palabras. "Hacer una escenografía, dice Watanabe, es como escribir un poema, pero con cosas, tienes un espacio vacío y debes crear un ambiente."[3] Pero no basta con llenar el vacío, no basta con colocar determinados objetos o palabras, "el asunto central de la poesía no es una colección de objetos sólidos, estáticos, extendidos en el espacio, sino la vida que es vivida en la escena que compone".[4] Y esa vida, la vida que se vive en el poema, está íntimamente relacionada con la vida del poeta. Vida y obra encuentran en un diálogo continuo su engranaje en el espacio del poema. Ahí convergen sentimientos, pensamientos, lecturas, percepciones, recuerdos, tradiciones, experiencias, conocimientos diversos; todos ellos en busca de una *forma* que los contenga, o lo que es lo mismo, de un *paisaje* que los abrace. En la obra poética de José Watanabe ese paisaje, ese espacio o escenario que permite la vida en el poema es Laredo, el lugar de su infancia, la piedra de toque a la que el poeta vuelve una y otra vez.

> He llegado a pensar que si no hubiera nacido en Laredo, no escribiría como escribo, tal vez sí sería poeta pero no escribiría como lo hago; el Laredo que yo viví no pasaba de cinco, seis calles y con dos campamentos obreros, uno en el norte y otro en el sur, yo tenía que caminar kilómetro y medio para llegar a mi colegio, con los zapatos al hombro para no enterrarlos, era un lugar polvoso, seco. [...] Mi infancia en Laredo es como una especie de gran depósito ahora, de donde yo saco las imágenes.[5]

---

[3] Entrevista a Watanabe, tomada de la revista *Sí*, Lima, 1988.

[4] Wallace Stevens, *El elemento irracional en la poesía*, Puebla, Universidad Autónoma de Puebla, 1987, p. 116.

[5] Lina Zerón, *Periodismo cultural*, Entrevista a José Watanabe, Lima, 2006.

Para Watanabe, Laredo es *paisaje interno*[6] y externo, es memoria e imaginación. En sus poemas, no es el Laredo real el que se representa, sino el otro, el Laredo que Watanabe ha creado con el paso de los años en su interior. Laredo funciona en sus poemas como un microcosmos en el cual se integran, de manera armónica, diversos elementos culturales y afectivos, elementos que, transfigurados a partir de su imaginación, configuran un nuevo espacio: ahí dialogan los mitos andinos con los mitos de la cultura mochica (cultura que floreció precisamente en el norte del Perú), las leyendas y refranes populares que el poeta aprendió a través de sus abuelos maternos (procedentes de la sierra de Otuzco) y de su madre, con la visión y la ética del budismo (inculcadas por su padre), y la austeridad y sutileza del arte japonés (el *haiku*, las pinturas del mundo flotante, etc.), los mitos bíblicos y el uso de la parábola con el paisaje desértico como fondo constante de sus poemas. También forman parte de ese diálogo los hermanos, la casa de la infancia, la experiencia de la migración de Laredo a Trujillo y de Trujillo a Lima, la confrontación con la ciudad, la enfermedad y la conciencia profunda de la muerte. Todos estos elementos estructuran ese *paisaje interno* desde el cual construye sus poemas; todos conforman el *espacio del Laredo de Watanabe*. Es por esto que se habla de *paisaje interno*, paisaje que se corresponde, pero que además añade, transforma y modifica elementos del paisaje exterior.

En verano,
según ley de aguas, el río Vichanzao no viene a los cañaverales.
Los parceleros lo detienen arriba
    y lo conducen al panllevar.

---

[6] El término "paisaje interno" lo utiliza la poeta norteamericana Denise Levertov para hablar del entrecruzamiento o constelación de experiencias que permiten el surgimiento del poema.

Aquí en el cauce queda fluyendo una brisa, un río
                            invisible.
Camino pisando los cantos rodados enterrados en el limo
y mirando los charcos donde sobreviven diminutos peces grises
que muerden el reflejo de mi rostro.
Los pequeños sorbedores de mocos ya no los atrapamos en
            botellas.
Tampoco tejemos trampas para camarones
                    y nuestro lejano bullicio se esfuma
sin dolor.
Supuse más dolor. En el regreso todo se convierte en zarza,
                    dijo Issa.
Pero yo camino extrañamente aliviado,
                    ni herido ni culposo,
por el cauce en cuyas altas paredes asoman raíces de sauces.
                                        Las muerdo
y este sabor amargo es la única resistencia que hallo
mientras avanzo contra la corriente.[7]

En el espacio del poema se articulan diversos espacios conocidos, vividos, imaginados, y también se entretejen distintos pliegues del tiempo. El regreso de Issa[8] (poeta japonés del siglo XVIII) a su pueblo natal y el regreso del propio Watanabe se funden en una misma experiencia, pero al mismo tiempo se separan: el dolor de Issa, es sólo sabor amargo para el poeta peruano. El regreso para Watanabe no abre una herida, como en el caso de Issa, sino ante todo supone la construcción y recuperación de un paisaje, el paisaje de su infancia, y por lo tanto la recuperación del mundo afectivo, mundo que posibilita su estabili-

---

[7] José Watanabe, *Historia natural*, "En el cauce vacío", Perú, Peisa, 1994, p. 17.

[8] Cito el haikú de Issa del que se desprende el verso de Watanabe: Mi pueblo: todo/ lo que me sale al paso/se vuelve zarza. (Traducción de Octavio Paz, en el libro *Sendas de Oku* de Matsuo Basho).

dad: el río Vichanzao, los cañaverales, la sequía, las raíces de los sauces, los cantos rodados enterrados en el limo. La memoria se transforma, se hace maleable y construye una realidad posible, alterna. En ese ir de regreso, en ese caminar contra la corriente, se redefine el tiempo; el pasado, el presente y el futuro se reúnen en el presente del poema, en ese "ahora del decir", como lo llama Jacques Roubaud: "Para la poesía el tiempo es agustiniano, no hay pasado de presente ni de futuro; hay un presente del pasado, un presente del presente, un presente del futuro".[9] En la poesía toda memoria tiende a reimaginarse, a reinventarse para vivificarse, para lograr una vibración interna, una espesura que supere la densidad y la aspereza de la realidad.

"Cada uno debería de hablar de sus carreteras, sus encrucijadas, sus bancos. Erigir el catastro de sus campiñas perdidas. Thoreau dice que tiene el plano de los campos inscrito en el alma [...]".[10] Las palabras de Gaston Bachelard refuerzan lo dicho anteriormente: el "espacio interior", el "paisaje interno" suponen las huellas que se han ido imprimiendo en el interior del poeta, el mapa que se ha ido formando, y que se filtra poco a poco en la escritura, configurando una mirada personal, un tono, una concepción única, particular del mundo.

En poesía lo esencial es siempre desde dónde se mira, y desde ahí saber y decidir desde dónde se habla. Lo que importa es el paisaje en el cual se inscribe el poeta o bien el paisaje que se inscribe en el poeta. Lezama Lima en su libro *La expresión americana* señala: "Ante todo, el paisaje nos lleva a la adquisición del punto de mira, del campo óptico y del contorno [...] Paisaje es siempre diálogo [...] Cuando decimos naturaleza el *panta rei* engulle al hombre como un Leviatán de lo extenso. El paisaje es la naturaleza amigada con el hombre

---

9 Jacques Roubaud, *Poesía, etcétera: puesta a punto*, Madrid, Hiperión, 1995, p. 122.

10 Gastón Bachelard, *La poética del espacio*, México, FCE, 1985, p.42.

[...] En América dondequiera que surge posibilidad de paisaje tiene que existir posibilidad de cultura".[11]

Paisaje y cultura al dialogar el uno con el otro configuran el *estilo* del poeta. Cuando se habla de cultura, no se debe olvidar que lo que enriquece a toda cultura es precisamente la capacidad que un individuo tiene de incorporar, seleccionar, sintetizar y renovar las influencias de otras culturas con la propia, en un intento de unificar[12] aquello que se encuentra fragmentado; pero unificarlo aportando un tono, una textura distinta, una visión personal. Este proceso, retomando el término del cubano Fernando Ortiz, se denomina *transculturación*, y es precisamente el proceso que subyace en la obra poética de Watanabe.

José Watanabe presenta este rasgo transculturador[13] como una característica de su personalidad que inevitablemente modela toda su obra. El mismo Watanabe señala los vínculos que se dan entre su escritura y su herencia familiar:

> Sospecho que la influencia de mi padre también está en la contención del lenguaje que me place practicar. Sé que es imposible explicar convincentemente por qué un poeta escribe como escribe, pero estoy convencido de que el fraseo poético nace de nuestro modo de ser, no de los estilos literarios. Po-

---

[11] Lezama Lima, *La expresión americana*, México, FCE, 1993, p. 167.

[12] Unificar, no homogenizar. La unificación presupone una mirada que genera a partir de diversos elementos un mundo (un buen ejemplo es el mundo creado por Rulfo en su obra). La homogenización, en cambio, diluye toda diferencia, intenta explicar el mundo desde una mirada unilateral, esta mirada es ajena a la literatura, que al contrario de participar de ella, la resiste y la confronta.

[13] Javier Sologuren explica que "el proceso de transculturación no significa predominio unilateral de una cultura en su encuentro con la otra. Significa, en cambio, las acciones en busca de una nueva identidad cultural más rica y más a la medida de la actual situación de universalización histórica. Su meta vendría a ser la consecución de una unidad, siempre actuante en la diversidad" (*Gravitaciones y tangencias*, Lima, colmillo blanco, 1988, p. 47).

demos abrirnos a todos los ideales de poesía, pero se decanta en nosotros el que coincide con nuestra personalidad y se procesa con nuestra biografía. Percepciones poéticas y lenguaje acaso sean anteriores a nuestro primer y ya lejano poema.[14]

Mi madre había heredado de sus orígenes andinos la impronta de templanza que lucía en todas sus actitudes. Pero su contención tenía un matiz de dureza o de aire áspero. Yo admiraba sus frases. Eran bellas. Estaban relacionadas con cosas cotidianas que de pronto alcanzaban la densidad de lecciones morales a veces despiadadas. Muchas de sus frases, pronunciadas como sorpresivos azuzamientos o estímulos para remontar nuestras debilidades, han terminado imponiéndose en mis poemas.[15]

En la poesía de Watanabe este proceso de diálogo cultural se da sin violencia. En sus poemas se van integrando distintos elementos sin que éstos pierdan su especificidad, logrando una poesía equilibrada, austera, serena.

Un buen ejemplo de intercambio cultural sin violencia, que puede funcionar como analogía de lo que sucede en el interior de la poesía de Watanabe, lo podemos encontrar, como lo señala Rodolfo Hinostroza, en la cocina peruana:

...los peruanos somos hermanos de paladar, por encima de la raza o la condición social. Nuestro prodigioso paladar mestizo es herencia, placer, memoria y responsabilidad. Nuestra cocina es uno de los productos más logrados del mestizaje del occidente en América y no nos ha causado dolor, como otras formas más violentas y dramáticas del choque de razas, sino más bien deleite. Deleite y desde el primer momento, porque fue en la cocina donde se realizó el "maridaje nutricio", de

---

[14] José Watanabe, *Elogio del refrenamiento*, España, Renacimiento, 2003, p. 147.
[15] Ibid, p. 149.

fuerte sabor erótico de una cocina con otra, fue ahí donde se mantuvo el trasvase continuo de una culinaria a otra, hasta lograr una cocina propia.[16]

Ingredientes de distintas partes del mundo, formas diversas de entender y practicar la cocina, el encuentro entre sabores exóticos y austeros, todo se fusiona, se integra, para lograr una cocina peruana. No es arbitrario hablar de cocina cuando se habla de poesía, la cocina requiere también de creatividad y de oficio; además, tanto la cocina como la lengua son productos que se van formando y modificando con el paso del tiempo, y por lo tanto poseen y ofrecen una memoria. Dentro del capítulo "La cocina moderna", Hinostroza habla del fenómeno *nikkei*. Al referirse a la cocina *nikkei* señala la aportación japonesa al cebiche, uno de los platos tradicionales del Perú:

> Los nisei consiguieron un cebiche más sabroso, supremamente fresco y depurado, que no tardó en imponerse en todo el territorio nacional, condenando a la obsolescencia el cebiche recocido de nuestros padres y consagrando el cebiche-casi-crudo como nuestro plato de bandera [...] a principios de los '80 comenzaron a aparecer los primeros restaurantes nikkei, aquellos que producían una cocina japonesa-criolla, que aliaba la salsa peruana al rigor nipón [...] Como consecuencia de todo este proceso, la cocina peruana se aligeró. No sólo en lo que se refiere a ingredientes, sino que su sazón se volvió menos cargada a las especias.[17]

Unos capítulos antes Hinostroza se refiere a la dieta prehispánica:

> La cocina nativa era radicalmente distinta a la española, pues precisamente como en el Perú no había especias era la sobriedad misma. Es lo que ahora llamaríamos una cocina ecológi-

<hr>

[16] Rodolfo Hinostroza, *Primicias de cocina peruana*, España, Everest, 2006, p. 94.

[17] Ibid, p. 92-94.

ca, sin salsa alguna que disfrace el sabor de las cosas, salvo un poco de ají y hierbas aromáticas. Y como todas las viejas cocinas que en el mundo han sido, no se había desligado de su función de curar al par que alimentar; en eso se parecía a las artes culinarias de chinos y japoneses, ricas en hierbas curativas y en ingredientes machos y hembras, cálidos y fríos, yang y yin, que regulaban el equilibrio humano.[18]

Hinostroza destaca el rigor y la austeridad de la cocina japonesa, y al mismo tiempo señala la sobriedad de la cocina prehispánica. Ambas, en su momento, cumplen la función de equilibrar a las otras cocinas que podríamos llamar dominantes: la española y la criolla.

Esta afinidad entre la dieta prehispánica y la cocina *nikkei*, y su capacidad de asimilar y equilibrar los fuertes sabores de la cocina española o criolla, me parece interesante en relación con la combinación de elementos en la poesía de Watanabe. Podría, incluso, aventurarse la hipótesis de que en la poesía de José Watanabe sucede ese mismo intercambio cultural con resultados similares. El ingrediente japonés (el padre) al fusionarse con el ingrediente andino (la madre) en el suelo criollo (Lima), llevan a su poesía a participar de estos choques y afinidades que al final, por las correspondencias entre la cultura japonesa y la cultura andina,[19] se resuelven en ese refrenamiento que la caracteriza, en ese equilibrio, en ese silencioso rigor que se desprende de toda su obra, y que se superpone al desgarre que supone todo choque cultural. En su poema "La impureza", Watanabe habla de esa herencia:

---

[18] Ibid, p. 31.

[19] De las semejanzas entre ambas culturas hablan Mariátegui, Basadre, Sologuren y Eielson (entre otros).

Otra vez despiertas con el cuerpo poco, bien poco.
Otra vez tu vida oscila en el monitor cardiaco
                    pero más en tu miedo.
Ya no es la hipocondría. Ya te saltó el verdadero animalito.
Más no patetices. Eres hijo de. No dramatices.
¡Mira que tu miedo es la única impureza en este cuarto aséptico!

¿O nunca conseguiré ser hijo de?

El japonés
se acabó "picado por el cáncer más bravo que las águilas",
sin dinero para la morfina, pero con qué elegancia, escuchando
con qué elegancia
las notas
mesuradas primero y luego como mil precipitándose
del kotó
de la Hora Radial de la Colonia Japonesa.
Y la serrana
que si descubre que miran condolidamente su vejez
protesta con el castellano castizo que se conserva de Otusco para
                    adentro:
"Más arrugas hay en tus compañones que en mi majoma, carajo"
y asombrosamente sigue matando pollos, cuyes, cabritos,
sin un gesto compasivo
y diciendo, como si dictara la suprema lección moral:
"Deja el tiesto sobre las brasas, hijo, para que coja más temple"

Ellos no vendrán, pues, a tomar tus manos
y acaso estás a punto de no ser hijo de nadie. Entonces
el pensamiento imposible que te viene y te deja va haciéndose
posible. Acógelo: ten miedo, ten miedo.
y justamente con tu miedo quizá vuelvas a ser hijo de,
como antes, niño,
cuando ellos todavía te abrazaban con alguna piedad.[20]

---

[20] José Watanabe, *El huso de la palabra*, Lima, Seglusa & colmillo blanco, 1989, p. 89.

El padre y la madre, de forma distinta, presentan afinidad en la templanza. Desde un presente desgarrado por el miedo y la enfermedad, Watanabe recuerda el equilibrio del hogar. El carácter de la madre y el anclaje interior del padre son los factores que le permiten reconocer su miedo. El poema muestra, a través del desequilibrio mismo que sitúa al poeta entre la vida y la muerte, la necesidad de un equilibrio, de un orden que inevitablemente lo remite a la infancia, permitiéndole recuperar ese mundo afectivo que lo protege y le devuelve estabilidad. El poema muestra también la integración de distintos referentes culturales, integración que se hace posible en *el espacio que construye el poema* y que permite el diálogo y la confrontación de varias culturas y de diversos tiempos; culturas modernas y premodernas, occidente y oriente: el hospital como símbolo de la modernidad, la alusión al mito de Prometeo, el sonido del kotó, la actitud serena y digna del padre ante el dolor y la muerte, —actitud que muestra fuertes resonancias con la postura de los samuráis— los refranes y el habla castiza de la madre, y la tradición popular que nutre algunas creencias del pensamiento mítico, "ya te saltó el verdadero animalito", escribe Watanabe refiriéndose a una vieja creencia de los habitantes de Laredo. Camilo Fernández Cozman, en su libro *Mito, cuerpo y modernidad en la poesía de José Watanabe* recoge el testimonio de Alberto Moya: "Dicen que la persona cuando está agonizando siente un raro movimiento en su pecho. Después algo sale de su cuerpo. Es el corazón que se convierte en rana y se escapa inesperadamente del cuerpo del fallecido".[21]

Laredo, por su situación geográfica, política y económica fue un foco de migración, circunstancia que le dio, junto a otras haciendas azucareras, una configuración particular, que puede detectarse sobre todo en las narraciones que conforman

---

[21] Camilo Fernández Cozman, *Mito, cuerpo y modernidad en la poesía de José Watanabe*, Lima, Cuerpo de la metáfora, 2009, p. 38.

la memoria colectiva del lugar. "Como hubo una migración andina muy importante de trabajadores que vinieron a realizar la faena con la caña de azúcar, se observa en estos relatos la primacía de un imaginario campesino muy acendrado que se fusiona con las costumbres del hombre de la costa y de los migrantes de origen japonés".[22]

El intento de unificar, de encontrar el espacio donde se armonice la diversidad, supone, al mismo tiempo, el reconocimiento de la imposibilidad de esa integración. El poema "Este olor, su otro" muestra la integración y desintegración que asume la poesía de Watanabe como fuerzas motrices, como tensiones que dinamizan su obra.

> Mi hermana mayor pica perejil
> con habilidad que se diría congénita,
> y el olor viaja instantáneo a fundirse
> con su otro.
> Su otro está en una lejana canasta de hierbas de sazón
> que bajaba del techo, una canasta
> ahora piedra fósil
> suspendida
> en el aire de nuestra cocina que se acabó.
> El perejil anunciaba a mi padre, Don Harumi,
> esperando su sopa frugal.
> Gracias de este país:
> un japonés que no perdonaba
> ¡la ausencia en la mesa de ese secreto local de cocina!
> Creo que usted adentraba ese secreto en otro más grande
> para componer la belleza de su orden casero
> que ligaba
> familia y usos y trucos de esta tierra.

---

[22] Ibid, p. 37.

> Los hijos de su antiguo alrededor
>   hoy somos comensales solos
> y diezmados
> y comemos la cena del Día de Difuntos
>   esparciendo
> perejil en la sopa. Ya la yerba sólo es sazón, aroma
>   sin poder,
> nuestras casas, Don Harumi, están caídas.[23]

Mostrar un orden, un equilibrio, un lugar de pertenencia y al mismo tiempo mostrar la fragilidad, la inestabilidad del mismo. En este poema el perejil, con su olor que se expande, permite el recuerdo y la integración. El poema plantea la necesidad de un nuevo orden, una patria creada por Don Harumi. A pesar del desarraigo se aspira a la reintegración que en el poema se resuelve en el hogar.

Ese mismo movimiento, esa misma tensión que observamos como fuerzas generadoras del poema, se encuentran en la sociedad peruana actual, pero con resultados muy distintos: confusión y choque en la sociedad; equilibrio y armonía en la poesía de Watanabe.

La cultura peruana, desde sus inicios, plantea este problema: una cultura multicultural y un complejo tejido social que borra, una y otra vez la posibilidad de identidad, de identificar el lugar de "lo peruano". Mario Vargas Llosa en su libro *La utopía arcaica: José María Arguedas y las ficciones del indigenismo* escribe:

> Salvo en un sentido administrativo y simbólico —es decir el más precario que cabe— "lo peruano" no existe. Sólo existen los peruanos, abanico de razas, culturas, lenguajes, niveles de vida,

---

[23] José Watanabe, *Historia natural*, Perú, Peisa, 1994, p. 61.

usos y costumbres, más distintos que parecidos entre sí, cuyo denominador común se reduce, en la mayoría de los casos, a vivir
en un mismo territorio y sometidos a una misma autoridad.[24]

Como espejo de la afirmación de Vargas Llosa, transcribo lo
que el poeta Enrique Verástegi dice al respecto:

> ¿Poesía en el Perú? Carecemos de una imagen de la poesía
> porque carecemos de nuestra propia imagen [...] Sin embargo
> no estoy proponiendo una poesía del Perú sino que trato de
> lograr una situación pues como sabemos el Perú es la reunión
> de muchas culturas: no sólo la diferenciación (que en última
> instancia es una relación) de los famosos clanes develados por
> Lévi Strauss, sino que además podemos descubrir otros signos-
> productos de las inmigraciones: africanas, chinas, japonesas,
> italianas, alemanas, polacas. Quiero negar pues la existencia de
> una poesía peruana. Ya lo dije: si el Perú es/son una reunión de
> culturas, reunión que es una pluralidad, entonces el país no existe
> sino como un marco de referencia geo-política, nada más.[25]

¿Cómo situar desde este enjambre de divergencias, choques
y oposiciones un lugar de pertenencia?, ¿cómo integrar lo que
íntimamente está desintegrado? José Watanabe logra en sus
poemas la integración armónica de los diversos elementos
precisamente porque encuentra ese *sitio desde donde hablar*, ese
microcosmos o "paisaje interno" en el que reúne, como en una
constelación, el brillo de sus distintas estrellas. En una entrevista el poeta reflexiona al respecto:

> Cuando llegó el centenario de la migración japonesa al Perú
> publiqué *El ojo de la memoria*. Cuando vi las fotos que se iban
> a incluir en el libro sentí una especie de conmoción que me

---

[24] Mario Vargas Llosa, *La utopía arcaica: José María Arguedas y las ficciones del indigenismo*, México, FCE, 2004, p. 210.

[25] José Miguel Oviedo, *Estos 13*, Lima, Mosca azul, 1973, p. 163-164.

conduo a preguntarme por cuál era mi sentimiento de patria y comencé a escribir explorando, buscando esa patria y he llegado a la conclusión que Laredo es la única patria que he tenido y que el resto de los lugares, incluyendo Lima, son sólo lugares de paso. Cuando me pregunté por mi patria, me dije: primero mi cuerpo, luego Laredo.[26]

La patria es entonces el propio cuerpo del poeta. La patria como ese lugar físico, material, a partir del cual se hace posible el encuentro con el mundo. Y ahí, junto al cuerpo, Laredo, el Laredo que vive anidado en su memoria.

Volviendo al poema "Este olor, su otro", volvemos al mismo tiempo al lugar de la infancia: el padre esperando la sopa, la familia reunida, la belleza del orden casero. Watanabe se desplaza del presente al pasado sin aspavientos, pero al mismo tiempo señala la herida de ese desplazamiento. Aquel orden se ha roto, los hijos diezmados por la muerte comen la sopa, el perejil ha perdido su poder de reunión, en el presente es sólo una yerba que sazona. Sin embargo, ante esa desintegración se alza el poema como un nuevo orden.

Esta necesidad de encontrar un equilibrio, de reconstruir el todo perdido, me lleva a pensar en el mito de Incarri, que me parece, puede aportar cierta luz a la poesía de Watanabe: Incarri viene del quechua *inka* y de la palabra castellana *rey*, es un dios capaz de detener al sol y a los vientos, y es además el fundador de todo lo que existe. Fue apresado en la conquista por el rey español, martirizado y decapitado. Su cabeza fue enterrada en la antigua capital del Incario y ahí permanece viva y a la espera, porque a partir de ella el cuerpo del Incarri lentamente se irá reconstruyendo dentro de la tierra. Cuando logre re-

---

[26] Alonso Rabí Do Carmo, "El estilo es el lugar donde poso mi alma", Revista Alforja 35, invierno, 2005, p. 65.

hacerse por completo, Incarri volverá al mundo y tendrá lugar el juicio final. El poema "La estación del arenal" es interesante en este sentido (transcribo algunos fragmentos):

> Esta era la estación del arenal.
> Queda un trecho de la vía desdibujada por la herrumbre,
> un durmiente que se quiebra como una hojarasca,
>   [...]
> Abandono este lugar. Y yéndome siento una porosidad en mi
> propio cuerpo,
> una herencia: aquí mi madre ofrecía su vendeja de frutas
> a los viajeros. La siento correr
> a mis espaldas
> como un cuerpo de arena que sin cesar se arma y se desintegra
> con su canasta.[27]

No sólo en este poema, sino en muchos de los poemas de Watanabe, algo o alguien se arma y se desarma, se integra y se desintegra para volver después a reintegrarse, como si el poema permitiera, dentro del espacio que compone, que se generen ambos movimientos a un mismo tiempo. En este poema aparece el desierto como paisaje de fondo. El cuerpo, o mejor dicho, la memoria del cuerpo a partir de su porosidad, permite la entrada, como en una rendija, del pasado: la madre con su canasta se mimetiza, en el poema, con el paisaje. Ambos son de arena como el desierto: fragmento y anhelo de unidad.

Como lo explica Sologuren: "La configuración de una nueva cultura en el Perú es todavía un proceso en marcha en el que la complejidad se traduce en confusión (...) El péndulo debe igualmente volver hacia las otras fuentes occidentales y orientales en busca de un vital pluralismo universalista."[28] Sus

---

[27] José Watanabe, *Historia natural*, ed.cit., p. 11.

[28] Javier Sologuren, *Gravitaciones y tangencias*, Lima, Colmillo blanco, 1988, p. 45.

palabras van más allá de las propuestas de hispanistas o de in-
digenistas, nos hablan más bien de una nueva visión del Perú,
de una conciencia integradora, una síntesis de la que ya Jorge
Basadre[29] había hablado como una necesidad imperiosa.

Esta visión integradora que tomó fuerza en el Perú a partir,
sobre todo, de los sesenta, me parece que puede encontrarse en
la poesía de Watanabe. En esa tensión entre equilibrio y dese-
quilibrio, entre integración y desintegración, la balanza apunta
hacia un posible orden, y es justamente eso, a nivel de lenguaje,
lo que recibe el lector. Un lenguaje sereno, equilibrado, austero,
a pesar de que en su interior bullen las heridas. En ese sentido,
se puede percibir en sus poemas un continuo contraste entre
lo *que* se dice y el *cómo* se dice. El *qué* señala lo terrible, la as-
pereza de la realidad, el desgarramiento que ésta produce en el
hombre, el choque, la enfermedad, la muerte. En el *cómo*, en
cambio, lo terrible se ciñe a la armonía del lenguaje, encuentra
ahí su estabilidad. No hay fractura ni grito. El drama se oculta
precisamente en esa tensión que se genera entre el grito y el
silencio. El poema "El grito (Edvard Munch)" muestra lo ante-
rior y puede ser tomado también como una poética.

> Bajo el puente de Chosica el río se embalsa
>   y es de sangre,
>   pero la sangre no me es creída.
> Los poetas hablan en lengua figurada, dicen
> y yo porfío: no es el reflejo del cielo crepuscular, bermejo,
>   en el agua que hace de espejo.
> ¿Oyen el grito de la mujer
> que contemplaba el río desde la baranda
>   pensando en las alegorías de Heráclito y Manrique
> y que de pronto vio la sangre al natural fluyendo?
> Ella es mujer verdadera. Por su flacura

---

[29] Jorge Basadre, *Perú: problema y posibilidad y otros ensayos*, Venezuela, Biblioteca Aya-
cucho, 1992

no la sospechen metafísica.
Su flacura se debe a la fisiología de su grito:
recoge sus carnes en su boca
                    y en el grito
                        las consume.
El viento del atardecer quiere arrancarle la cabeza,
miren cómo la defiende, cómo la sujeta
                    con sus manos
                        a sus hombros: un gesto
finalmente optimista en su desesperación.
Viene gritando, gritando, desbordada gritando.
Ella no está restringida a la lengua figurada:
                    hay matarifes
y no cielos bermejos, grita.
Yo escribo y mi estilo es mi represión. En el horror
sólo me permito este poema silencioso.[30]

Podría hablarse efectivamente de poemas silenciosos cuando se habla de los poemas de Watanabe. Es en el silencio del poema donde se resuelve el grito. La contención, la parquedad en el decir, son parte esencial del tono de sus poemas. En un pequeño ensayo "Elogio del refrenamiento", Watanabe cita a Chikamatsu, el dramaturgo de bunraku que compuso sus obras a comienzos del siglo XVII: "Cantar los versos con la voz preñada de lágrimas, no es mi estilo. Considero que el *pathos* es enteramente una cuestión de refrenamiento. Cuando todas las partes de un drama están controladas por el refrenamiento, el efecto es más conmovedor".[31] Octavio Paz en su ensayo "Tres momentos de la literatura japonesa" cita también a Chikamatsu: "Es esencial no decir: esto es triste, sino que el objeto mismo sea triste, sin necesidad de que el autor lo subraye."[32] Este prin-

---

[30] José Watanabe, *Historia natural*, ed.cit., p. 83.

[31] José Watanabe, *Elogio del refrenamiento*, España, Renacimiento, 2003, p. 148.

[32] Octavio Paz, *Obras Completas*, Tomo 2, México, FCE, 2003, p. 338.

cipio de la estética japonesa es asumido por Watanabe como su propia visión estética y principio fundamental de su poética. "Yo escribo y mi estilo es mi represión. En el horror sólo me permito este poema silencioso" nos dice Watanabe al final del poema, y es precisamente esa represión, aprendida a través de sus padres, la que no permite que su lenguaje se quiebre. El refrenamiento en Watanabe es una actitud que le permite lograr ese tan anhelado equilibrio.

El estilo, señala el poeta norteamericano Wallace Stevens "no es algo aplicado. Es algo inherente, algo que se infiltra. Podría decirse que es una voz inevitable. [...] El estilo del hombre es el hombre mismo [...] La unidad de estilo y del poema mismo es una unidad del lenguaje y vida que revela a ambos en un sentido supremo".[33]

José Watanabe logró tomar consciencia de las distintas raíces que lo constituían y crear a partir de ellas sus poemas; logró encontrar *el sitio desde el cual hablar*. Ese sitio es Laredo y Laredo no es otra cosa que el estilo del poeta:

> Cuando digo que el estilo es el lugar donde poso mi alma, pues, mi estilo es Laredo, es ahí donde poso mi alma.[34]

---

[33] Wallace Stevens, *El elemento irracional en la poesía*, Puebla, Universidad Autónoma de Puebla, 1987, p. 39.

[34] Alonso Rabí Do Carmo, "El estilo es el lugar donde poso mi alma", Revista Alforja 35, invierno, 2005, p. 65.

LISTA DE OBRAS CITADAS

Bachelard Gastón, *La poética del espacio*. Trad. Ernestina de Champourcin. México, FCE, 1985.

Cozman Fernández, Camilo, *Mito, cuerpo y modernidad en la poesía de José Watanabe*. Lima, Cuerpo de la metáfora editores, 2009.

Hinostroza Rodolfo, *Primicias de cocina Peruana*. España, Editorial Everest, 2006.

Lezama Lima, *La expresión americana*. México, FCE, 1993.

Levertov Denise, *El poeta en el mundo*. Trad. Ugo Ulive. Venezuela, Monte Ávila Editores, 1979.

Oviedo José Miguel, *Estos 13*. Lima, Mosca azul editores, 1973.

Padilla José Ignacio, (Editor). *Nu/do, homenaje a J.E. Eielson*. Lima, Pontificia Universidad Católica del Perú, 2002.

Paz Octavio, *Obras Completas* Tomo 2. México, FCE, 2003.

Roubaud Jacques, *Poesía, etcétera: puesta a punto*. Trad. José Luis del Castillo Jiménez. Madrid, Hiperión, 1995.

Sologuren Javier, *Gravitaciones y tangencias*. Lima, Editorial colmillo blanco, 1988.

Sologuren Javier, *Obras completas*, tomo VIII. Lima, Pontificia Universidad Católica del Perú, 2004.

Wallace Stevens, *El elemento irracional en la poesía*. Trad. Patricia Gola. Puebla, Universidad Autónoma de Puebla, 1987

Vargas Llosa Mario, *La utopía arcaica: José María Arguedas y las ficciones del indigenismo*. México, FCE, 2004.

Watanabe José, *El huso de la palabra*. Lima, Seglusa editores & Editorial colmillo blanco, 1989.

Watanabe José, *Historia natural*. Perú, Peisa, 1994.

Watanabe José, *La piedra alada*. España, Editorial Pre-textos, 2005.

Watanabe José, *Elogio del refrenamiento*. España, Editorial Renacimiento, 2003.

Watanabe José, *Poesía completa*. España, Pretextos, 2008.

REVISTAS O SITIOS DE INTERNET

"Enrevista a Watanabe", *revista Sí*, Lima, 1988. (http://josewatanabe.tripod.com/entrevista.htm.)

Alonso Rabí Do Carmo, "El estilo es el lugar donde poso mi alma", *Revista Alforja*, 35, invierno, 2005.

Lina Zerón, "Entrevista a José Watanabe", *Periodismo cultural*, Lima, 2006.

BIBLIOGRAFÍA CONSULTADA

Basadre Jorge, *Perú: problema y posibilidad y otros ensayos*. Venezuela: Biblioteca Ayacucho, 1992

Rama Ángel, "Literatura y cultura en América Latina", *Revista de crítica literaria latinoamericana*, año IX, No 18, 1983.

Rowe William, "la regionalización de los conceptos en los estudios de la cultura", *Revista de crítica literaria latinoamericana*, año XXV, No 50, Lima-Hanover, 1999.

[ÁLBUM DE FAMILIA]
(1971)

32

Esta mañana han comprado un pájaro
                    como se compra una fruta
                        un ramo de flores.

Dicen que Hokusai compraba pájaros para liberarlos.

También Leonardo
            pero midiéndoles el impulso y el rumbo.

Posiblemente en la infancia he pintado pájaros
pero jamás les he hallado relación exacta con los aviones.

Estoy tentado a liberar este pájaro
                        a devolverle
            su derecho de morir sobre el viento.

Me van a pedir razones.

Sentiré la obligación de hablar acerca de la libertad
pero mi familia que es muy lógica
                        dirá que afuera solo
                            con el viento
                            a ver qué hago.

EL RAPTO DE LA AMADA SABINA,
SIN CABALLO Y CON MUCHA CORTESÍA

A Diana

Buena familia, sagrada familia,
una hermana que sueña mirar el poniente
en los rascacielos de Nueva York,
un hermano con posgrado y otros lagartitos
todavía sin futuro definido.

Pero nadie descubrió mi pata de fauno:
yo solo lánguido casto.

Tras las cortinas indagaban por mis referencias
y cuando nos dejaban solos
sus sospechas volaban como mariposas.

Ahora buscan nuestro rastro por las últimas aldeas.

Ella duerme a mi lado y sueña una tierra de largo reposo.

Yo escucho el incesante ronquido
de las gentes a cuyo lado hemos pernoctado.

Cuando huíamos cayó de la mesa un ángel de yeso
aureolado con los más antiguos respetos de la familia,
      con la más larga tradición de biennacidos
            biencasados
            bienmuertos.
          Así sea.

Ahora no hay lugar a discusión ni defensa.

La peste tenía su oficio.

Fue duro verte rodar como una semilla.

Yo sobrevivo entre los muertos.

Caminamos por los pasillos como en esas silenciosas y vastas
      posadas.

Respiramos el deseo de huir sin cancelar la cuenta.

Papá escanció su último aire sobre nosotros.

Me acompaña una muchacha parecida a una fuente.

Nos alimenta una licuadora.

Ya empieza el verano.

¿Te ves con papá?

En general, me he vuelto un poco indiferente.

A veces pesa mucho el silencio de los cipreses y los muertos.

CINE MUDO

Mirando el amor,
          tendido en los pastos,
si cierras un ojo tendrás una estampa china.

¿Dónde está China?
Mi madre tenía una ventana y no pudo ver China.

La máquina 7 ha pasado por el cielo diciendo adiós.

Pasó un manicero vendiendo maní. Adios.

No era un manicero: desconfía de las nubes que arrojan maní.

Ha bajado un caballo
y en el cielo la yegua espera acostada diciendo amor.

Está pasando un entierro,
          el muerto quería ir caminando
          pero que comprenda que comprenda le dijeron

Le dijeron que la huelga continuaba ante la tropa y la bala.

Adiós. Último adiós. Adiós levantando un manojo de pasto.

¿Cómo te llamas? No quiere hablar.

Como mi madre cuando mira por su ventana

No tengas miedo. En tu memoria
las yeguas han postergado su boda de blanco.
Ellos están esperando noticias
y hermoso es el oficio de cartero bajo la tierra.

¿Son blancas las calles bajo la tierra?
Saluda a mi hermano,
que levanté un manojo de pasto, así le dices.

LAS MANOS

Mi padre vino desde tan lejos
cruzó los mares,
        caminó
        y se inventó caminos,
hasta terminar dejándome sólo estas manos
y enterrando las suyas
            como dos tiernísimas frutas ya apagadas.

Digo que bien pueden ser éstas sus manos
encendidas también con la estampa de Utamaro
                    del hombre tenue bajo la lluvia.

Sin embargo, la gente repite que son mías
aunque mi padre
multiplicó sus manos
        sólo por dos o tres circunstancias de la vida
o porque no quiso que otras manos
            pesasen sobre su pecho silenciado.

Pero es bien sencillo comprender
        que con estas manos
también enterrarán un poco a mi padre,
            a su venida desde tan lejos,
    a su ternura que supo modelar sobre mis cabellos
cuando él tenía sus manos para coger cualquier viento,
                        de cualquier tierra.

Mi hermano el próspero
sumergido en su sofá versallesco
preludia
        como elefante en suave regocijo
su siesta.

Mira el mar en la falsa profundidad de la pecera
y organiza la tarde como si fuera un negocio.

Sólo oigo girar la rueda de la fortuna
cuando me acerco sigiloso para mirar a través de su ojo
y el caracol que nos anunció el mar que desconocíamos
se ha convertido
            en cornucopia.

Lo rodea un aire robusto, un aire de torre gorda
            y menos que gusano soy
ante la concurrencia de parientes y público en general.

A veces pienso en mi padre
                que nos aguarda a todos entre la niebla
bebiendo el licor de las botellas vacías
seguro se alegra
            seguro me invita a un trago
si le arribo sin chequera
y de todos el más escaldado.

[EL HUSO DE LA PALABRA]
(1989)

MI OJO TIENE SUS RAZONES

Creo que mi ojo tiene un arbitrario criterio de selección.
Obviamente hubo más paisaje alrededor,
imposible que sólo fuéramos ella y yo en el rompeolas.

Soy de repeticiones, como todos. Entonces puedo suponer que
si hubo niebla
le dije: botes en la bruma pueden ser sólo reflejos, espejismos,
y le mencioné el antiguo haiku de Harumi:
                    "Entre la niebla
              toco el esfumado bote.
              Luego me embarco".
Si hubo sol
le tomé fotografías con el hueco de la mano y acaso la azoré
diciéndole: posa con los senos hacia el viento.
Si pasaron gaviotas y ella las admiró, le recordé
que eran aves carniceras y que únicamente su feo canto es honesto.

Mi ojo todo lo veía, no descartaba nada.
Entramos en el mar por el rompeolas de rocas cortadas.
Sobre una roca saliente ella recogió su falda
                    y deslizó sus pies hacia el agua.
Sus muslos desnudos hallaron comodidad en la piedra.

Era particularmente raro
el contraste de su muslo blanco contra la roca gris:
su muslo era viviente como un animal dormido en el invierno,
la roca era demasiado corpórea y definitiva.

Hubiera querido inscribir mi poema en todo el paisaje,
pero mi ojo, arbitrariamente, lo ha excluido
y sólo vuelve con obsesiva precisión
a aquel bello y extremo problema de texturas:

                    el muslo

                    contra la roca.

En otro lado esta muchacha tendría hermosas piernas
y yo abriría las manos midiendo en el aire su cadera
o pensaría algo impúdico y bello para nombrar sus senos.
Esta muchacha taquígrafa mecanógrafa de buena presencia
no me sonríe ni canta,
                    pero debiera.
Vive ocho horas diarias frente a mí
            sentada sola y lejana
lejana en una larga perspectiva sobrevolada por estantes y escrito-
            rios y palomas fijadas en el aire y una ventana que distor-
            siona su propio marco y ella más sola y lejana cada vez.

            Oh, yo no
soy surrealista
soy empleado
            y esta muchacha archiva mi oficio y beneficio, mi nombre
que flota como un globo entre los conserjes y los doctores.
A la hora del refrigerio ella abre su lonchera
y dispone sobre su escritorio su alimentación de pájaro
                    como si estuviera debajo de un árbol.
Esta muchacha,
            como si estuviera debajo de un árbol debiera cantar
y yo debiera ser galante con el suave color de sus mejillas.

43

Fuimos rebeldes y audaces. Yo la convencí de la nueva moral que ni aun yo tenía, y huimos sin ceremonia ni consentimiento. Ella trepó ágilmente a la grupa de mi caballo y así cabalgamos hasta las primeras estribaciones de la sierra. Bordeábamos los poblados y con ramas desgajadas íbamos cubriendo nuestras huellas. Nos detuvimos en una aldea cuyo nombre alude a la contemplada limpidez del río que la atraviesa.

Había clara luz de tarde cuando el posadero nos abrió la pesada puerta de palo. A pesar de reconocer en él a un hombre sin suspicacias, le mentimos nuestros nombres. Le encargué una buena habitación para nosotros y cuidados para nuestro caballo. Ella, azorada y hambrienta, mordía a mi lado una manzana.

El cuarto era blanco y olía a resinas de eucalipto. Aunque ofrecido con excesiva modestia por el posadero, allí hallamos seguridad. Desde el pie de nuestra ventana los trigales ascendían hasta las faldas riscosas donde pastaban los animales del monte. Las cabras se perseguían con alegre lascivia y se emparejaban equilibrando peligrosamente sobre las aguas rocosas. Ella cerró la ventana y yo empecé por desatar su largo cabello.

Fuimos rebeldes y audaces. Sin embargo, ahora nos perdonan nuestras familias y nos perdonamos nosotros mismos. Nuestro hogar ha sido tardíamente consagrado. Eso es todo. Nunca traicioné otras grandes verdades porque quizá no las tuve, excepto el amor que me hizo edificar una casa, excepto el amor que nunca debió edificar una casa.

A veces pienso cabalgar nuevamente hasta esa posada para
colgar en su puerta estos versos:

> En la cima del risco
> retozan el cabrío y su cabra.
> Abajo, el abismo.

Mi mirada cansada retrocedió desde el bosque azulado por el sol
hasta la mantis religiosa que permanecía inmóvil a 50 cm. de
      mis ojos.
Yo estaba tendido sobre las piedras calientes de la orilla del
      Chanchamayo
y ella seguía allí, inclinada, las manos contritas,
confiando excesivamente en su imitación de ramita o palito seco.
Quise atraparla, demostrarle que un ojo siempre nos descubre,
pero se desintegró entre mis dedos como una fina y quebradiza
      cáscara.

Una enciclopedia casual me explica ahora que yo había destruido
a un macho
      vacío
La enciclopedia refiere sin asombro que la historia fue así:
el macho, en su pequeña piedra, cantando y meneándose, llamando
hembra
y la hembra ya estaba aparecida a su lado,
acaso demasiado presta
      y dispuesta.
Duradero es el coito de las mantis.
En el beso
ella desliza una larga lengua tubular hasta el estómago de él
y por la lengua le gotea una saliva cáustica, un ácido,
que va licuándole los órganos
y el tejido del más distante vericueto interno, mientras le hace gozo,
y mientras le hace gozo la lengua lo absorbe, repasando

la extrema gota de sustancia del pie o del seso, y el macho
se continúa así de la suprema esquizofrenia de la cópula
                              a la muerte.
Y ya viéndolo cáscara, ella vuela, su lengua otra vez lengüita.

Las enciclopedias no conjeturan. Esta tampoco supone qué última
      palabra
queda fijada para siempre en la boca abierta y muerta
                        del macho.
Nosotros no debemos negar la posibilidad de una palabra
      de agradecimiento.

Yo quería escribir un poema,
un estudio del canguro hembra que termina de procrear
    su cangurito
en una bolsa membranosa que lleva a guisa de delantal.
Ampliando un poco la imagen
debía identificar esa bolsa materna con mi dormitorio.
Y dentro de la bolsa-dormitorio estaría mi hija recién nacida
y un tanto edípicamente yo mismo. Mi mujer,
la cangura, debía administrar esa bolsa de cemento como parte de
    su cuerpo,
estableciendo su maternalismo sobre ambos, incluso sobre las
    cosas.
Cuando llegó mi hija yo sospeché esta conversión, y tuve miedo.
Mi hija pudo tener alas y largarse por la ventana
pero decidió ser como papá y mamá que no saben volar.
Por eso fue menester que la habitación se convirtiera en marsupia
donde ella terminaría de criarse arrojándome sus olores
de talco y caca, y convirtiendo los bellos pechos eróticos de mi
    cangura
en pechos nutricios.
También debía hablar de mis actitudes de mono alrededor de su
    cuna
diciéndole "cara de poto", pero babeante, pero progenitor,
pero a sus órdenes.
Yo debí escribir ese poema. Espero hacerlo algún día.

MI MITO QUE YA NO

Los esquiladores imponen su fuerza sobre las ovejas,
las maniatan
y con una tijera les quitan su candorosa metáfora
                              de nube.
Y las ovejas, súbitamente magras y desgarbadas
        se arraciman
avergonzadas
muy avergonzadas
y ahora el pescuezo deja ver el triste tragar.

Mas aquí el tiempo torna. El mito dice
que el tiempo taladra una espiral en la piedra
        y allí duerme
                y despertará
y vendrá
        y el vellón de la oveja se habrá renovado
                        y la metáfora.

Pienso en lo que a mí me rodea:
nada tiene regeneraciones estacionales.
Para entrar en el mito del eterno retorno primero hay que morir.
No tengo mitos inmediatos.
                    Era ella y ya no:
el tiempo bajó de su fino rostro a sus finos pies
                y le empellejó todas sus metáforas.

En el museo de Historia Natural
Mi mano sobre el lomo de la pantera terrible
se desliza como si calmara las formas de otras amenazas
y el mandril asiente,
posando entre su pareja y su cría, el mandril asiente.
Tu piel y mi piel estaban disecándose, mandrila, y nos quedaba el
        cuerpo como frutas consumidas dentro de su cáscara. Pude hablar
        de tanto, pero me dio pereza.
Sobre la cabeza del mandril años y años cae el polvo de estopa
y cerca de sus pies
        su propia pelambre y la de su familia.
Aquí todo está muerto, sólo el aire
                gira levemente vivo,
pero a veces se agita y mueve las plumas y las pieles
y por un segundo nos hace creer en movimientos más ostensibles
donde el águila carnicera devore al petirrojo indefenso y sólo bello
o la pantera complete su salto sobre el anca de la gacela.
Pero fue sólo el aire soplando
y es el poeta inobjetivo que mira e insiste:
                el mandril quiso huir,
                        por la ventana, solo,
                el mandril quiso huir.

MEJOR LACÓNICO

¿Te acuerdas de los pitos del alfarero Tineo
pájaros sapos vaquitas chivitos
apreciados en el cuenco de nuestras manos
y todos con su candorosa trompetita de una sola nota en el culo?
Yo sigo buscándolos en las ferias de los artesanos.
Están en mi escritorio.
Y mis ojos que en la madrugada saben más
me piden que los acepte como semejantes de mi corazón
                              que reprimo.
Mi corazón quiere gritar y llamarte con mocos,
lágrimas y babas,
pero termina por aceptar la discreción
de los pitos:
llevo uno a mis labios y soplo
y ese único e inalterable sonido
me aconseja y advierte
que con una sola nota basta.

LA QUE NOMBRA

Los choferes
que durante años recorren el largo desierto
tienen un recurso
            para abreviarlo: nombran
sus tramos.
(Nosotros decimos fácilmente
                que el desierto es uno e inacabable).
Ellos van hacia próximas dunas, hondonadas y arenas
        en suave contorsión, y cuyas toponimias
vienen comprensiblemente de su semejanza
con formas de mujer,
de sus partes nalgas piernas senos caderas
        y de su sexo
            que tiene innumerables remoquetes.
A ningún chofer le sorprende
que la mujer esté tan segmentada,
                que no mantenga
orden anatómico o que se repita.
Saben que al fin y al cabo, y terminado cualquier desierto,
                            una mujer
                se arma siempre en la cabeza.

LA BALLENA (METÁFORA DEL DESCASADO)

52

Dicen que hay una ballena en el agua baja, varando.
Vamos a verla.
Vamos a ver si nuestro pequeño y desordenado ánimo
                resiste la imposición de sus oscuras toneladas.
Vamos a ver cómo llora mostrando sus torpes aletas
            que no pueden ofrecernos una flor
                                entre dos dedos.
Vamos a pedirle que, a cambio, nos cante un lamento
            con su famosa voz de soprano.
Vamos a aprender que los animales de piel resbalosa
            quedan, finalmente, solos.
Vamos a ver la agitada desesperación de su gran cola
            que bate arena, que quiere ganar
aguas más hondas, navegables, donde se esté bien
            consigo mismo.

¿Y si ya reflotó con la marea alta y no está?
Pues nos sentaremos en la playa a contemplar el mar.
La metáfora del mar desolado
        puede reemplazar a la metáfora de la ballena.

Las palabras no nos reflejan como los espejos, así exactamente,
pero quisiera.
Escribo con una pregunta obsesiva en las orejas:
¿Es esta la palabra exacta o es el amague de otra
que viene
                no más bella sino más especular?
Por esta inseguridad
tarjo,
toda la noche tarjo, y en el espejo que aún porfío
sólo queda una figura borrosa, mutilada, malograda.
Es como si se cumpliera la amenaza de la madre
                                sibilina
al niño que estaba descubriéndose, curioso,
                        en su imagen:
"Tanto te miras en el espejo
que un día terminarás por no verte".
Los versos que irreprimiblemente tarjo
            se llevarán siempre mi poema.

Refulge otra vez el sol sobre el río,
siéntate en la hierba con espíritu tranquilo
y mira a los muchachos bañarse y reír.
Acepta estrictamente esta visión.

(Has mirado tu sombra desde el puente
y te ha extrañado
que no tuerza hacia la corriente.)

Tú también te bañaste aquí
y entonces el río era igualmente sucio, dejaba
estrías de barro en las comisuras de la boca
donde se formaba esa risa gratuita, risa
sólo por estar allí, zambulléndose
y emergiendo con un único conocimiento,
el de las cualidades tangibles del agua.
Ese era el sentido de la risa.
Acepta estrictamente ese sentido y declina
la especulación poética. Porque es tu verso opaco
contra tu brillante alegría de muchacho.

A PROPÓSITO DE LOS DESAJUSTES

55

Los muchachos que no emigraron cantaban en la esquina
y el sonámbulo, yo,
se enteraba sin sorpresa del transcurrir de las cosas,
y esa noche el sonámbulo
escribió notas para un poema vagamente melancólico:
"Han sucedido muertes y matrimonios
y el humo espeso de la caña molida sobrevuela todavía".
También dijo: "Aun estoy a tiempo para reconciliarme".

Allá quedaron los muchachos
y yo he regresado con alfajores de yema para mi desayuno
y he sorprendido en mi cama a una mujer con su cría
y me ha besado como si hace tiempo me conociera
y me esperara,
"supuse que vendrías hoy y te guardé un poco de carne con sal",
        dice.

Y he venido a esta máquina a explicarme:
¿Soy yo el que trabaja para esta mujer y su cría?
¿Qué sentido reconozco para esta mujer que duerme en mi cama?
¿Qué afecto hacia cada palmo de mi tierra he olvidado,
qué costumbres
que a los muchachos les daba, seguridad y confianza para cantar?
Pero esta máquina —la poesía, digamos— es más esquiva
que anguila, que mercurio, que cardumen entre las manos, y chapaleo,
y no hay leyes que ajusten
a los muchachos que cantaban / al humo de la caña / a las muertes

y matrimonios
con la mujer que despierta y me mira / con la bebe colorada
    con el sonámbulo
que trata de decir bellamente sus palabras (de idiota).

SALA DE DISECCIÓN

Un cadáver puede provocar una filosofía del ensimismamiento,
sin embargo los estudiantes admirablemente
estaban entusiasmados con su muerto,
lo rodeaban
y discutían con fervor la anatomía de ese cuerpo de piel coriácea.
Yo aprendía otra lección:
la vida y la muerte no se meditan en una mesa de disección.
Los estudiantes me previnieron
que iban a extraer el cerebro. Permanecí con ellos:
a veces soporto lo siniestro sin perturbarme demasiado.
No hay sofisticación instrumental para retirar un cerebro,
una modesta sierra de carpintero
cortó el cráneo a la altura de las sienes,
luego sumergieron el órgano mítico en un frasco lleno de formol.
Yo me dediqué a observarlo, solo, en otra mesa
mientras los estudiantes seguían cotejando su denso libro con el
        muerto.
Sorpresivamente
una burbuja brillante brotó del interior del cerebro
como un mensaje venido de la otra margen,
y no había boca que lo pronunciara.
        No había boca.
La burbuja, muda, se deshizo en ese aire levemente podrido.

Bien voluntarioso es el sol
en los arenales de Chicama.
Anuda, pues, las cuatro puntas del pañuelo sobre tu cabeza
y anda tras la lagartija inútil
entre esos árboles ya muertos por la sollama.
De delicadezas, la del sol la más cruel
que consume árboles y lagartijas respetando su cáscara.
Fija en tu memoria esa enseñanza del paisaje,
y esta otra:
de cuando acercaste al árbol reseco un fosforito trivial
y ardió demasiado súbito y desmedido
como si fuera de pólvora.
No te culpes, quién iba a calcular tamaño estropicio!
Y acepta: el fuego ya estaba allí,
tenso y contenido bajo la corteza,
esperando tu gesto trivial, tu mataperrada.
Recuerda, pues, ese repentino estrago (su intraducible belleza)
sin arrepentimientos
porque fuiste tú, pero tampoco.
Así
en todo.

EN SU CAÍDA

Los patos que van al sur
otra vez están llegando al estuario de Végueta
y ante la elegante gaviota
arman su algazara con la gracia de los vulgares.
La gaviota hace un gesto hostil y vuela hacia las islas tranquilas.
Los patos quedan sumergiéndose, cuchareando el limo, buscando
          desoves,
mientras el sol desciende como un globo y se detiene fragoroso
detrás del árbol
que crece en la pequeña isla salina del estuario.
Todos los elementos del paisaje parecen convergir en el sol.

De pronto el mundo cambia de orientación y de ánimo:
ha resonado el disparo
de un cazador que acallando a su perro avanzó hasta el gramadal.
Los patos corren rasantes y con espanto sobre el agua
hasta alcanzar el vuelo y perderse detrás del farallón,
                    pero el herido,
el herido queda manteniéndose dramáticamente en una media
          altura,
sobre el árbol,
sobre el sol,
e inesperadamente se eleva casi vertical como si buscara acabarse
en el punto más alto
del aire.
Cuando empieza a caer se forma en mi boca una frase piadosa,
una frase que él ni nadie podrá oír en su caída:
"Estás cayendo hacia el sol", le digo inútilmente.

LOS ENCUENTROS

Y de repente éramos dos hormigas en la vereda
                  casual,
                      él y yo,
así moviendo las antenas, intercambiando datos, cordialidades,
    diez años.
Pero ¿por qué estos encuentros se tuercen siempre?
¿Sentías, amigo mío, cómo nuestro viejo afecto
se hacía desinterés
y fastidio?

            (Y los dos supimos
que ya estábamos listos para ignorarnos diez años más.)
Antes de despedirnos
él me punzó como un dato sombrío:
su padre, Don Ventura D., tenía un intratable cáncer renal.

Todo hecho es fragmentario hasta que el azar nos lleva
a su complemento.
Digo esto porque voy a hablar ahora de mi inesperado encuentro
con su padre, tres días después.
Fue en el planetario del Ministerio de Aeronáutica, en la feria.
Don Ventura D.
estaba bajo la gran cúpula que copiaba el cosmos,
        giraba trabajosamente sobre sí mismo
              solo
siguiendo el movimiento de los numerosos planetas y lunas
que se trasladaban lentos y luminosos

en la penumbra.
Una mirada concentrada
hacía de la cúpula un espacio abisal,
y él la contemplaba así
                            y con serenidad sobrecogedora,
                                        ya entregándose.

Me descubrí anotando
que la gravitación universal no tiene contingencias, azar
ni cáncer.
Estaba yendo hacia el poema
y me abstuve:
                            ese hombre está en juego, dije.
Y salí del planetario y me entropé con la gente,
ninguna seguía, como los planetas, una órbita prevista.

COMO EL PEJE-SAPO

62

Nunca escuchaste canto más razonable
que el de los pájaro que anoche huían de la tormenta:
"Más vale / estar asido / del aire".
Porque en el peligroso borde palpas verso como ramita providencial
o frase de la filosofía como piedra para apoyar el pie.
Sí, más te hubiera valido aprender a asirte del aire.
Tendido, tu cuerpo suena sus tripas y te recuerda que
aún te quedan tus humildes voces
vegetativas. Sonríes
y con ternura maternal oyes tu borborigmo y tu pedo,
y te serenas:
en el peligroso borde te afirmas como el peje-sapo en la roca marina,
con el vientre.
Callada tu mente y su prestigioso trabajo,
descubres, en el peligroso borde, que tu cuerpo es más inteligente
y que es tuyo y de todos. Todo cuerpo es tótem.
Levántate y muestra tu desnudez al alba que ya empieza.
A las 7 los cirujanos te abrirán el pecho con sus escalpelos.
No morirás: tus voces vegetativas siguen sonando
y ya son (y ya eres) parte del rumor panteísta que viene del bosque
y, al parecer, de un alba más remota.

NUESTRA LEONA

Sé que el sol va y viene, inquieto, husmeándome
                       entre los cañaverales.
Sé que se demora en el cenit mirando ansiosamente el valle.
                   El sol era nuestra leona.
Una imagen, aun de humilde imaginación verbal como ésta,
va a la mente
        y le pide que condescienda
con el poeta. Es el trato.
Esta vez no, esta vez sólo pido vuestra mirada inmediata
                           y literal:
¿quién, tan esbelto, salta de la ventana a mi tarima
y me levanta de la nuca con sus suaves fauces
        y me lleva al río
                    si no es el sol?
        El sol era nuestra leona.
Un aliento cálido me envuelve siendo aquí, en Baja Sajonia.
                         invierno:
es la imagen creando su espacio en mi cuerpo enfermo,
        es el sol que me husmea como a hijo falto,
allá en el norte del mi país,
        donde me enseñó a caminar obligándome con el hocico.

64

Una delgada columna de sangre desciende desde una bolsa de polietileno hasta la vena mayor de mi mano. ¿Qué otro corazón la impulsaba antes, qué otro corazón más vigoroso y espléndido que el mío, lento y trémulo? Esta sangre que me reconforta es anónima. Puede ser de cualquiera. Yo voy (o iba) para misántropo y no quiero una deuda sospechada en todos los hombres. ¿Cuál es el nombre de mi dador? A ese solo y preciso hombre le debo agradecimiento. Sin embargo, la sangre que está entrando en mi cuerpo me corrige. Habla, sin retórica, de una fraternidad más vasta. Dice que viene de parte de todos, que la reciba como envío de la especie.

Ha creído verme cruzando
el jardín del fondo, del limonero a la mampara
de la sala.
De puro hermana, sabiendo que estoy aquí, adonde me envía su
    carta,
adonde, aprensivo
y sobrecogido, leo y me digo: ¿no estaré recogiendo
mis pasos?
El que desanda ignora que desanda. Otros lo ven, silencioso,
volviendo
sin razón real para volver, o tal vez para comprender
sin ansía
que pudo acceder o permitirse más.

Razones históricas, dicen, explican las vidas, no fatalismos, pero
            de qué
sirven
si ya bien definitivo es lo que alcancé
de veras, seres con volumen y peso, y que seguramente ahora,
        desandando, rodeo
y que seguramente ahora
son fósiles.

¿Dónde andaré en mi desande?
Si me he sobrecogido es prueba de que aún no llego
al chivo: otro espíritu yo tendría.

Les explico brevemente lo del chivo.
Yo era un muchacho tras los frutos de los cactus de cerro,
y lo vi
y para esta hora pedí ser como él, chivo en el alto roquerío
que sabe estarse con arrogancia ante el vacío.

LA IMPUREZA

Otra vez despiertas con el cuerpo poco, bien poco.
Otra vez tu vida oscila en el monitor cardiaco
                    pero más en tu miedo.
Ya no es la hipocondría. Ya te saltó el verdadero animalito.
Más no patetices. Eres hijo de. No dramatices.
¡Mira que tu miedo es la única impureza en este cuarto aséptico!

¿O nunca conseguiré realmente ser hijo de?

El japonés
se acabó "picado por el cáncer más bravo que las águilas",
sin dinero para la morfina, pero con qué elegancia, escuchando
con qué elegancia
las notas
mesuradas primero y luego como mil precipitándose
del kotó
de la Hora Radial de la Colonia Japonesa.
Y la serrana
que si descubre que miran condolidamente su vejez
protesta con el castellano castizo que se conserva de Otusco para
                    adentro:
"Más arrugas hay en tus compañones que en mi majoma, carajo!",
y asombrosamente sigue matando pollos, cuyes, cabritos,
sin un gesto compasivo
y diciendo, como si dictara la suprema lección moral:
"Deja el tiesto sobre las brasas, hijo, para que coja más temple".

Ellos no vendrán, pues, a tomar tus manos.
Y acaso estás a punto de no ser hijo de nadie. Entonces
el pensamiento imposible que te viene y te deja va haciéndose
posible. Acógelo: ten miedo, ten miedo,
y justamente con tu miedo quizá vuelvas a ser hijo de,
como antes, niño,
cuando ellos todavía te abrazaban con alguna piedad.

[HISTORIA NATURAL]
(1994)

LA ESTACIÓN DEL ARENAL

La prodigiosa lagartija corre
                    y ya no la veo más.
Oculta entre el color del médano, imperturbable, me observa
mientras el halcón huye de la resolana
y la arena cae suavemente desde las trombas de aire
sobre nadie.
Ningún ruido la inquieta. Huiría
si resonara en el aire lo que confusamente está dentro de mí:
discrimino una campana, la estridencia
de un tren
y un balido de oveja sobre las espaldas de un viajero.
Esta era la estación del arenal.
Queda un trecho de la vía desdibujada por la herrumbre,
un durmiente se quiebra como una hojarasca,
y ninguna sombra: el desierto calcinó los ficus
y sembró
sus propias plantas de largas espinas que se ensañan
                    en el esqueleto de una cabra.
Aquí la única sustancia viva es la arena, y nadie
que duerma en las bancas rotas del andén
                    la sacude de sus sombrero.
Abandono este lugar. Y yéndome siento una porosidad en mi
        propio cuerpo,
una herencia: aquí mi madre ofrecía su vendeja de frutas
a los viajeros. La siento correr
a mis espaldas
como un cuerpo de arena
que sin cesar se arma y se desintegra con su canasta.

EN EL DESIERTO DE OLMOS

El viejo talador de espinos para carbón de palo
cuelga en el dintel de su cabaña
una obstinada lámpara de querosene,
y sobre la arena
se extiende un semicírculo de luz hospitalaria.

Este es nuestro pequeño espacio de confianza.

Más allá de la sutil frontera, en la oscuridad,
nos atisba la repugnante fauna que el viejo crea,
los imposibles injertos de los seres del aire y la tierra
y que hoy son para su propio y vivo miedo:
                la imaginación trabaja sola, aun en contra.

La iguana sí es verdadera, aunque mítica. El viejo la decapita
y la desangra sobre un cacharro indigno,
y el perro lame la cuajarada roja como si fuera su vicio.

Rápida es olorosa
la blanca carne de la iguana en la baqueta de asar.
El viejo la destaza y comemos
                y el perro espera paciente los delicados huesos.

Impensadamente
arrojo los huesos fuera de la luz
y tras ellos el animal entra en el país nocturno y enemigo.

Desde la oscuridad aúlla estremecido
y seguramente queriendo alcanzar
                        entre la inestable arena
con ansia
nuestro pequeño espacio de confianza.
Oigo entonces el reproche del viejo: deja los huesos cerca,
el perro
también es paisano.

EL ACUERDO

No sé si el chacarero tuvo intención,
pero me dio su silla y me dejó mirando este admirable acuerdo:
el pájaro chotacabras
está posado sobre la espalda del toro, confiadamente, sabiendo
que de las ancas a los cuernos
al toro le recorre siempre una pulsación agresiva.
Pero con el chotacabras allí,
pareciera que la bestia entra en paz, en ocio, oye
el sonido sedante de las uñas del pájaro rascando su piel,
siente
la lengüita
que le limpia la sangre de la matadura
y el ala desplegada que le barre el polvo
y el pico como delicado instrumento de enfermera
buscándole
las larvas que le muerden bajo la piel.
El pájaro topiquero gana así su alimento.
Ese es el intercambio ordinario,
pero el chotacabras gana más: encima del lomo
regusta
una vasta ternura que nadie sospecha, la paradoja
de la bestia.

En verano,
según ley de aguas, el río Vichanzao no viene a los cañaverales.
los parceleros lo detienen arriba
        y lo conducen al panllevar.
Aquí en el cauce queda fluyendo una brisa, un río
                        invisible.
camino pisando los cantos rodados enterrados en el limo
y mirando los charcos donde sobreviven diminutos peces grises
que muerden el reflejo de mi rostro.
Los pequeños sorbedores de mocos ya no los atrapamos en
        botellas.
Tampoco tejemos trampas para camarones
                y nuestro lejano bullicio se esfuma
sin dolor.
Supuse más dolor. En el regreso todo se convierte en zarza,
                    dijo Issa.
Pero yo camino extrañamente aliviado,
                        ni herido ni culposo,
por el cauce
en cuyas altas paredes asoman raíces de sauces. Las muerdo
y este sabor amargo es la única resistencia que hallo
mientras avanzo contra la corriente.

LA CURA

El cascarón liso del huevo
sostenido en el cuenco de la mano materna
resbalada por el cuerpo del hijo, allá en el norte.
Eso vi:
              una mujer más elemental que tú
espantando a la muerte con ritos caseros, cantando
                  con un huevo en la mano, sacerdotisa
más modesta no he visto.
Yo la miraba desgranar sobre su regazo
                    los maíces de la comida
mientras el perro callejero se disolvía en el relente del sol
lamiendo
el dolor arrojado a la tierra
                    junto con el huevo del milagro.
Así era. La vida pasaba sin aspavientos
                        entre gente parca, padre y madre
que me preguntaban por mi alivio. El único valor
era vivir.
Las nubes pasaban por la claraboya
y las gallinas alineaban en su vientre sus santas ovas
y mi madre esperaba nuevamente el más fresco huevo
 con un convencimiento:
                    la vida es física.
Y con ese convencimiento frotaba el huevo contra mi cuerpo
y así podía vencer.
En ese mundo quieto y seguro fui curado para siempre.
En mí se harán todos los milagros. Eso vi,
                  qué no habré visto.

EL ESQUELETO

Un hueso y otro hueso, los innumerables,
están unidos por el delgado alambre que atraviesa
el canal donde estuvo el tuétano.
Y así cuelga
y yo sólo puedo confirmar que cuelga solamente.
No puedo atribuirle desgano, indiferencia o desdén.
Él ya está libre de esos ánimos nuestros. La carne
              ya los ha pagado.
Mi amigo lo compró para su didáctica de médico
y es irrespetuoso con él
              por miedo.
Yo lo zarandeo amistosamente
              al pasar
y mi gesto tampoco lo ofende, sólo se balancea,
              y debiera oírse una alegría,
como la dulce y múltiple algazara
del móvil o quitasueño del niño de mi amigo.
              Mas nada suena
              y de súbito
              se propicia otro niño:
dormita enfermo en una cueva abierta hacia la noche
y no oye la algazara
sino el ruido insoportable de sonajas óseas
              y la advertencia
del curandero que grita borracho y aterrado:
¡despierta y pelea, muchachito, la puta
de los huesos
ya viene!

A LA NOCHE

Tiendo a la noche

La noche profunda es silenciosa y robusta
                como una madre de faldón amplio

Los que conocieron a doña Paula sabrán que la metáfora
es inmejorable.

Un psicoanalista me ha explicado en su jerga
que tiendo a la noche porque facilita la vuelta
                de mi yo primario.
Y ese yo es el niño que imagino ovillado
                y en formol
que a veces despierta y me ordena que me acurruque en la
cama vacía
Y me obliga al goce de ese vergonzoso encogimiento.

Yo siempre supongo un lector duro y severo, desconfiado
de las muchas astucias
                de los pobrecitos poetas.
Por él me levanto y me rehago hasta tocar el cielo oscuro
y la noche empieza a transcurrir como solar.
Pero el benigno mal de la vigilia hace áspero mi rostro
                y lo desencaja levemente.
Entonces digo que agua helada me vendría bien.
Voy a la cocina.
En la canastilla de mimbre hay papas amontonadas:

tienen lejanos relieves faciales
y están velando en la penumbra
con sus ojillos hundidos
y sucios de tierra.

Míralas conmigo, incompasivo lector:
cualquier papa soy yo, el primario,
            acaso nonato, y quién sabe si ya picado.

LA ARDILLA

Una ardilla cumplida, diaria, viene a mi balcón.
Recoge nerviosamente el pan que le dejo y huye al bosque.
Su huida es como guiada
por otra ardilla que sale de sí misma y la antecede
un segundo
siempre,
y aún detrás de ella va dejando otra, un ágil trazo
que se desvanece milagrosamente en el aire ordinario.
Así la ardilla va como un curioso juego óptico de veloces figuras
que nunca encajan.
Es como la vibración de alguien que corre detrás de un verja.

Este fue un ejercicio muy subjetivo de descripción
que escribí antes de la cirugía en un hospital de Hannover.
Quedó inconcluso
porque no supe conducir con claridad su sentido.
Tal vez quise hablar de los animales de vida vibrátil
                y también capaces de ser de quietud
como la ardilla que se recoge en el fondo de una cueva
e hiberna
fetal
casi muerta
                y el tiempo transcurre, pero no para ella.
O acaso quise hablar de resurrecciones. Yo buscaba
desesperadamente ese sentido. Sí
porque cuando la ardilla vuelve trae todavía
la incredulidad de su despertar, y cambia,
                        y eventualmente
es una mujer, el verano, cualquier contento.

Mi hermana mayor pica perejil
       con habilidad que se diría congénita,
y el olor viaja instantáneo a fundirse
       con su otro.
Su otro está en una lejana canasta de hierbas de sazón
que bajaba del techo, una canasta
       ahora piedra fósil
suspendida
en el aire de nuestra cocina que se acabó.
El perejil anunciaba a mi padre, Don Harumi,
esperando su sopa frugal.
       Gracias de este país:
un japonés que no perdonaba
la ausencia en la mesa de ese secreto local de cocina!
Creo que usted adentraba ese secreto en otro más grande
para componer la belleza de su orden casero
       que ligaba
familia y usos y trucos de esta tierra.

Los hijos de su antiguo alrededor
       hoy somos comensales solos
y diezmados
y comemos la cena del Día de los Difuntos
       esparciendo
perejil en la sopa. Ya la yerba sólo es sazón, aroma
       sin poder,
nuestras casas, Don Harumi, están caídas.

ALREDEDOR DE MI HERMANO JUAN (*I.M*)

Nunca hemos estado tan callados, nunca con las manos así,
quietas y tontas sobre las faldas. Sin embargo, mira:
otras manos nacen de nuestros hombros y se toman, hacen
ruedo
y tú quedas en el centro, pero tendido, desganado, sin jugar.
Ni siquiera muerdes la cristalina fruta del chimbil.
No parece fruta de cactus ni nosotros, sin los aspavientos
de la circunstancia, tus hermanos.
Según costumbre, han colgado una lámpara en la puerta de la calle.

¿Ves en la plaza un ángel
que refulge más que cien lámparas?
Un amigo psiquiatra me ha dicho que es un sueño compensatorio.

Si puedes verlo ahora, dínoslo
con una señal mínima, no rompas tu serenidad
por una noticia que probablemente ya no nos consuele.
La bicicleta que compraste trabajando en el desyerbe
ha venido
y se ha parado en la puerta como un flaco caballo.
Tú dirás que yo arreglo las cosas,
            pero hay una paloma dormida en su montura.
¿Oyes en la habitación contigua
el apurado traqueteo de la máquina de coser?
Es mamá
que entalla su viejo traje negro a su nuevo encorvamiento.
Nuestra antigua batea se ve bastante desubicada

en esta casa de aspirante clase media, pero ahora tú ves
        el cuerpo que allí se baña, el cuerpo de siempre,
incorrupto en agua de eucalipto.
Algún día todos seremos ese cuerpo, los ocho a tu alrededor.
Hoy entra tú en él como una cripta viva.

Cinco cuyes han caído
degollados, sacrificados, a tus pies de reina vieja.
Sangre celebra siempre tu cumpleaños, recíbela
en una escudilla
donde pueda cuajar un signo brillante
                    además del cuchillo.
La bombilla de luz coincide con tu cabeza dormida
y te aureola: comenzamos a quererte
                        con cierta piedad,
pero tus ojos
tus ojos se abren rápidos como avisados, y revive en ellos
un animal de ternura demasiado severa.
Tus ojos de ajadísimo alrededor
son el resto indemne
del personaje central que fuiste entre nosotros,
                    cuando alta y enhiesta
alargabas el candil hacia la oscuridad
y llamabas susurrando
a nadie. Las sombras en el muro y los gatos
                detrás de la frontera terrible
eran inocentes. Tú, señora, eras el miedo.

Cinco cuyes pronto estarán servidos en la mesa.
Otros eran los del rito curador, los de entrañas abiertas
        y sensitivas
que revelaban nuestras enfermedades.
Estos son de diente, de presa. No dirán
que tú eres nuestra más antigua dolencia.

LA MURIENTE

Tus hijas pasan llevándote olorosas sopitas
para alimentar tu vaga substancia:
oh, ya eres de agua, de casi nada, de agua
o de lentos movimientos como esculturas de la consunción.
Yo entro a tu cuarto de muriente suavizando mi presencia
                    y mirándote de soslayo:
si te miro de frente siento que soy tu testigo perverso.

Tu antigua y deslumbrante perspicacia aún vive
 y sabes que cuando tu cuello se alarga buscando el aire
yo ruego que se alargue hacia el mito:
tú decías que las cabezas se arrancaban de los cuerpos
y volaban
desgreñadas, hambrientas, mordiendo el vano aire.
(Y los regantes decían sí, sí, anoche cruzaron
                    la luz de mi lámpara).
Tengo la carne como en salmuera,
muerde si te salva. Lo dije para que sonrieras.
Tú nunca morderías carne de idiota, no dices.
Lo hubieras dicho con displicente humor
                        y una palabrota.
Bromeo para el tiempo de la pena. Tú sabes cómo es eso:
tu llanto desgarrado por mi padre muerto
fue haciéndose suave y ritual, más homenaje
que llanto.

Frente a ti, ya estamos en ese esfuerzo.

CASA JOVEN CON DOS MUERTOS

(A mi madre y a mi hermano)

La escalera va del patio a la azotea y en el tercer peldaño
el sol relumbra,
el solcito de los condenados relumbra siempre
                    y debidamente.

El tercer peldaño es una estación
donde el cuerpo es leve y blanco como una pastilla
                    y el pensamiento intenso. Y todo es tibio
menos los propios huesos.
          Por eso
haya invierno en todo el hemisferio, pero haya siempre el milagro
                                   [del sol en la escalera.
Las almitas sentadas allí descansaban como al borde de un abismo
y a veces nos miraban como si nosotros fuéramos el abismo.
Mi casa es joven para tener un frondoso y primaveral limonero.
Del limonero viene ahora el haiku del poeta Moritake:

          Cae el pétalo de la flor
          y de nuevo sube a la rama
          Ah, es una mariposa.

Una equivocación bella y hórrida
          cuando sobrevuelan el patio dos mariposas pálidas.

EL GRITO (EDVARD MUNCH)

Bajo el puente de Chosica el río se embalsa
y es de sangre.
                    pero la sangre no me es creída.
Los poetas hablan en lengua figurada, dicen
y yo porfío: no es el reflejo del cielo crepuscular, bermejo,
                    en el agua que hace de espejo.

¿Oyen el grito de la mujer
que contemplaba el río desde la baranda
                    pensando en las alegorías de Heráclito y Manrique
y de pronto vio la sangre al natural fluyendo?
Ella es mujer verdadera. Por su flacura
                    no la sospechen metafísica.
Su flacura se debe a la fisiología de su grito:
recoge sus carnes en su boca
                    y en el grito
                         las consume.
El viento del atardecer quiere arrancarle la cabeza,
miren cómo la defiende, cómo la sujeta
                    con sus manos
                         a sus hombros: un gesto
finalmente optimista en su desesperación.
Viene gritando, gritando, desbordada gritando.
Ella no está restringida a la lengua figurada:
                    hay matarifes
y no cielos bermejos, grita.
Yo escribo y mi estilo es mi represión. En el horror
sólo me permito este poema silencioso.

DE LA POESÍA

El niño entró en la sombra de su árbol de extramuros
donde dejaba diariamente sus quehaceres de intestino
Y si otro niño en árbol vecino se acuclillaba
               y se aliviaba
          brotaba entre ambos
la honrosa complicidad en la depuración
                    del buen animal.
Esta vez, sin embargo,
una visión suspende al niño, lo fija
con estupor
               bajo su árbol:
en medio de una anterior limpieza
                    crecía
una incipiente y trémula plantita.
          Y lo estremeció la imaginación del viaje
de la pequeña menestra
a lo largo de su cuerpo, su recorrido indemne,
incontaminado
               y defendiendo
en su íntimo y delicado centro
                    el embrión vivo.
Y en la memoria del niño,
          con difícil contento,
comenzó a elevarse para siempre
la planta mínima, tu principio, tu verde banderita,
                    poesía.

88

Deja tu alfiler de entomólogo, poeta:
las palabras no son mariposas con teta.

Sentado en la cima del osario
preguntas: seré yo el nuevo notario?

Pasan muchas frases de hombro caído,
tú las quieres con un poquito de sonido.

Las palabras, o mejor, las vampiro
ya vienen volando con lujurioso suspiro.

Pronto serás tú, entre gozoso y aterrado,
                    el mamado.

[COSAS DEL CUERPO]
(1999)

EL LENGUADO

Soy
lo gris contra lo gris. Mi vida
depende de copiar incansablemente
el color de la arena,
          pero ese truco sutil
que me permite comer y burlar enemigos
me ha deformado. He perdido la simetría
de los animales bellos, mis ojos
y mis narices
han virado hacia un mismo lado del rostro. Soy
un pequeño monstruo invisible
          tendido siempre sobre el lecho del mar.
Las breves anchovetas que pasan a mi lado
creen que las devora
una agitación de arena
y los grandes depredadores me rozan sin percibir
mi miedo. El miedo circulará siempre en mi cuerpo
como otra sangre. Mi cuerpo no es mucho. Soy
una palada de órganos enterrados en la arena
y los bordes imperceptibles de mi carne
no están muy lejos.
A veces sueño que me expando
y ondulo como una llanura, sereno y sin miedo, y más grande
que los más grandes. Yo soy entonces
toda la arena, todo el vasto fondo marino.

EN EL BOSQUE DE ESPINOS

A José Luis Li Ning,
mi amigo.

Los espinos nacen
bifurcados y en el aire vuelven
a bifurcarse para tejer un bosque intrincado
como el mapa de los nervios.

Hay que ser cabra
para vivir
en esta maraña punzante. Hay que tener lengua
de cabra
para separar con resignación pasto
de espinas
y engordar.

Sé, por los pastores, que en ocasiones
una cabra de este tranquilo rebaño
entra en la locura.

Aquí también la cabeza quiere muy poco,
un roce leve, una vaguedad hórrida,
para extraviarse.

Tal vez fue una punción casual,
un pincho venial,
para que todas las espinas del bosque, todas,

unánimes,
apuntaran hacia ella, la cabra que ya huye
        y grita
y se deja en cada espina.

RESTAURANTE VEGETARIANO

93

A los vegetales se entra
con hambre de animal longevo y apacible, y lentamente
se acaba
la lechuga.

A la carne se va distinto, se ingresa a ella
con ansia orgánica, casi disputándola
        como si fuera carne
del día de la resurrección, y se acaba
el bife.

Recuerdas:
para que tú vivieras
tu familia depredaba la tierra para ti,
pollos patos reses cuyes cabritos carne
para convalecer y durar.

El alimento en la boca te relaciona
con el mundo. Hay días de felino
y días de paquidermo. Hoy sean bienvenidas
las benéficas ensaladas, la suave soya y las frutas
        aunque tarde:
ya cincuenta años que comes carne
            y estás eructando miedo.

Pero hay días que no tienes carnes ni vegetales

sino arena en la lengua. Te explicas: tal vez has comido
una sequedad inicial, insidiosa, de pecho, y nunca
se acaba, el desierto
nunca se acaba.

ANIMAL DE INVIERNO

95

Otra vez es tiempo de ir a la montaña
a buscar una cueva para hibernar.

Voy sin mentirme: la montaña no es madre, sus cuevas
son como huevos vacíos donde recojo mi carne
y olvido.
Nuevamente veré en las faldas del macizo
vetas minerales como nervios petrificados, tal vez
en tiempos remotos fueron recorridos
por escalofríos de criatura viva.
Hoy, después de millones de años, la montaña
está fuera del tiempo, y no sabe
cómo es nuestra vida
ni cómo acaba.

Allí está, hermosa e inocente entre la neblina, y yo entro
en su perfecta indiferencia
y me ovillo entregado a la idea de ser de otra sustancia.

He venido por enésima vez a fingir mi resurrección.
En este mundo pétreo
nadie se alegrará con mi despertar. Estaré yo solo
y me tocaré
y si mi cuerpo sigue siendo la parte blanda de la montaña
sabré
que aún no soy la montaña.

MI CASA

Mi vecino
estira su casa como un tejido que le ajusta.

No debería burlarme,
si yo mismo vivo inmensamente pegado a mi casa, tanto
que a veces las paredes tienen manchas
            de mi sangre o mi grasa.

Sí, mi casa es biológica. En el aire
hay un latido suave, un pulso que con los años se ha concertado
con el mío.

Mi casa es membranosa y viva, pero no es asunto
uterino. Estoy hablando del lugar de mi cuerpo
que he construido, como el pájaro aquel,
con baba
y donde espacio y función intercambian
            carne.
Afuera soy, como todos, del trabajo y la economía, aquí
de mi cuerpo desnudo
y, a veces, de una mujer
que se aviene a ser, como yo, otro órgano dentro de este
pulposo
tercer
piso.

EL BAÑO

Mientras el agua cae
sobre tu cuerpo
                yo pienso
que de todos los cuerpos del mundo
tú posees el más preciso.
Tienes algo de intercambiable
conmigo, algunos órganos secretos,
        los más saludables y hermosos,
o el sabor
o la mirada.

Ayer
me acerqué por tus espaldas
y deslicé mis manos
bajo tus axilas
hasta tocar tus senos. De pronto
sentí
el temblor de una restitución:
si yo hubiera tenido tetas
serían
como las tuyas.

DESAGRAVIO (*I.M.*)

98

Por un flanco débil
y breve,
entre su seno y su axila,
mi madre era tierna.

Qué olor tan profundo, basal y glandular.
Su ternura
tenía intensa biología.

¿Por qué le exigías más,
ojo con lágrimas?

MATE BURILADO

La figura del mono
está admirablemente inscrita
en toda la redondez del calabazo silvestre.
Humor
de serrano
le ha puesto en la boca quena de gente.
Mundo feliz el del mono
que se acomoda allí como en vientre,
como en huevo, y con música.

Rueda
por todos los rincones de mi casa
como sonaja
y algunas noches me encuentra y susurra:
            hazte redondo.

El mundo a mi alrededor es muy disperso
y la vida no tiene forma.
        A mi edad, digo,
puedo desear menos, debería
como el mono
acomodar mi cuerpo
sólo en algunas de mis monadas.

LAS MALAGUAS

El barco enrumbó hacía el mar abierto
y apartó las malaguas que habían amanecido en la bahía.
Yo iba como un mascarón sin gracia
pechando la llanura vacía
y como los espinos solos en los interminables desiertos
mi cuerpo empezó a definirse mejor: una intrusión,
un empaque
en el aire.
Abajo las malaguas flotaban como existencias más perfectas:
casi agua
sobre agua.
Nosotros tenemos mucha presencia que tarda
demasiado
en desaparecer. Hay huesos, pelos, uñas, carnes,
zapatos y libros.
Las malaguas van más ligeras, cuerpos simples,
transparentes y sinceros
que la marea vara en la orilla. Yo las recuerdo
no sé si muertas
en la playa de mi infancia
junto a bañistas que huían de su viva urticaria.
Nadie veía cómo,
igual que cualquier gelatina, se disolvían bajo el sol
y regresaban al mar
con la ola que a mí me amenazaba.

EL MAESTRO DE KUNG FU

Un cuerpo viejo pero trabajado para la pelea
madruga y danza
frente al mar de Barranco.

Se mueve como dibujando
una rúbrica antigua, con esa gracia, y
sin embargo, está hiriendo, buscando el punto
de muerte
de su enemigo, el aire no, un invisible
de mil años.

Su enemigo ataca con movimientos de animales
agresivos
y el maestro los replica
en su carne: tigre, águila o serpiente van sucediéndose
en la infinita coreografía
de evitamientos y desplantes

Ninguno vence nunca, ni él ni él,
y mañana volverán a enfrentarse.
—Usted ha supuesto que yo creo a mi adversario
cuando danzo— me dice el maestro.
Y niega, muy chino, y sólo dice: él me hace danzar a mí.

LA RANITA

Duermes, mi complacida. Y veo
con qué perfección, equidistancia y malicia
se disponen en tu cuerpo tendido
tus yemas de gusto
             concupiscente.

Ahora tus yemas están dormidas,
pero cuando están despiertas provocan muchas ocurrencias.
La que más provoca es tu ranita lúbrica
             llamada clítoris.

(Entre las hojas de los trópicos
he visto ranitas coloradas, miniaturas
de carne húmeda
que se contraen o se adelgazan
             y nadie las comprende
porque son temperamentales
             como las muchachitas humanas).
Tu ranita no late contigo, tiene vida propia
pero no puede deleitarse sola.
La desmesura de su deseo
haría estallar su minúsculo cuerpo. Necesita
extender su gozo
en un cuerpo grande como el tuyo,
             y así sobrevive,
                    convidándote placer.
Antes de tu sueño

viene siempre un ángel plumado y casto
que peina tu piel y censura
a nuestra ranita.

      Es que nadie la comprende.

      Sólo yo.

LOS RÍOS

Mi hermana viene por el pasillo del hospital
con sus zapatos resonantes, viejos, peruanos.
                    De pronto
alguien hace funcionar el inodoro, y es el río Vichanzao
terroso
corriendo entre las piedras.

Ah, las heces
curiosidad primera de los médicos. Si fueron impecables
habrá curación para ese alguien.

¿Habrá curación para mí, hermana?
Si comes tu kraft-bruhe, tal vez. Los corderos alemanes
son como los alemanes: optimistas, y corren
blancos
por los campos verdes. Come.

Y mi graciosa hermana abre el caño
y lava el plato, y esta vez es el Moche, cristalino
y benéfico,
entrando por las heridas de mis costados
                    abiertas como dos branquias.

Rico ser pez entonces: una sensualidad que me permite
este dolor.

PAISAJE MÓVIL

Más trashumantes que los hombres
o más desalojados
son los infinitos desiertos de mi país.
Todavía no encuentran un sitio
para establecerse, y continuamente viajan
así:
se elevan a 10 centímetros del suelo
y avanzan flotando
como una suave marea
de arena.
Hacia las cuatro de la tarde, con el viento,
cruzan las carreteras, y los viajeros
escuchamos
sus susurros:
tal vez no haya ningún lugar en la tierra
donde acomodar los trastos
y los huesos.
De noche se recogen en dunas, como en pascana,
y bajo la luna de los desposeídos
parecen gigantes de gran lomo
que meditan una patria mientras defecan.

            Era
un ojo de agua, una lagunilla
de donde bebíamos
gentes y caballos. La luz
no entraba en el agua, la oscuridad que venía del fondo
era más poderosa. Los niños
nos acuclillábamos en su borde redondo
y esperábamos
los pobres envíos de lo insondable.
En sus orillas había una respiración, la cadencia
de un animal muy remoto, un dios mudo
que desde su profundo lecho
mantenía la vida de todos nosotros.
Del fondo afloraban restos de algas, insectos abisales
que nadie podía cazar, pajitas, líquenes
pero todo era indescifrable.
En realidad no esperábamos nada, sólo el placer
de estar en el borde, no sabiendo nada claro, imprecisos
y un poquito idiotas.

A los cincuenta años
ya sabes que ningún dios te va a hablar claramente.
En el viejo ojo de agua
esta vez tampoco hay imágenes definitivas.
Aquí abandona tu arrogante lucidez
y bebe.

CANCIÓN

La señorita Esther H.
            en el camino solitario, excepto
algún zorro, me pidió que no la mirara, que
me volteara
porque iba a rociar el mundo. Yo escuché entonces
a mis espaldas
ese sonido sibilante de sus aguas entre las piedras.

Pichi de mujer
no es pichi de hombre, supe. Pichi de mujer
se expande y se hace atmósfera, marejada
concupiscente
que ese día envolvió también al caballo, al buey que labraba,
a mi perro colero
y a cuanto macho que respiraba a la redonda.

La señorita Esther H. era mi maestra rural.
Ella dilató por primera vez la nariz
de mi corazón.

Una arbitrariedad de niño
sospechó su reconditez como fruta de rápido zumo.
Unas veces naranja, otras ciruela de Chile.
En la escuela rural sabíamos poco
pero sospechábamos mucho.

EL GUARDIÁN DEL HIELO

Y coincidimos en el terral
el heladero con su carretilla averiada
y yo
que corría tras los pájaros huidos del fuego
de la zafra.
También coincidió el sol.
En esa situación cómo negarse a un favor llano:
el heladero me pidió cuidar su efímero hielo.

Oh cuidar lo fugaz bajo el sol...

El hielo empezó a derretirse
bajo mi sombra, tan desesperada
como inútil.
       Diluyéndose
dibujaba seres esbeltos y primordiales
que sólo un instante tenían firmeza
de cristal de cuarzo
y enseguida eran formas puras
como de montaña o planeta
que se devasta.

No se puede amar lo que tan rápido fuga.
Ama rápido, me dijo el sol.
Y así aprendí, en su ardiente y perverso reino,
a cumplir con la vida:
yo soy el guardián del hielo.

LA TURBIA

109

A mi hermana Dora le debo
la limpieza de mis camisas
y de mi alma.
Mujer más solidaria
no hay:
cuando me hieren
ella odia por mí.
Si te miro con limpieza
es porque ella está turbia.

LA JURADO

          Dolorosas mudanzas de entrecasa
han convertido el cuarto de la difunta
en este desordenado escritorio
          donde leo poemas de cien jóvenes
y con ignorancia
califico.

En la pared
queda una suave mancha de grasa
donde la difunta apoyaba su coronilla
de madre.
Desde allí
viene a leer conmigo.
Ella siempre fue petulante: yo soy el jurado
pero ella me adelanta
en el juicio, me condena otra vez
a hijo.

En las páginas de ustedes, muchachos, la muerte
tiene más nombres que la vida
y baila
ebria,
sonora, las mejillas pintadas como muñeca
de teatro y literatura.

Sólo un verso brillante, sólo dos, y el resto
puras fintas, me dice

la jurado. La muerte
de verdad
es como la poesía: mírala venir
como una forma
de la templanza.

LOS POETAS

Abelardo me ha hecho un honor,
me ha pedido que presente su libro. Ay amigo,
exímeme de larga opinión. Bien sabes
que cuando un poeta honrado lee a otro honrado
sólo le busca una palabra, una sola, la que hace sonar
a la otras.
"*Rosebud*", dijo Kane. Una palabra así,
como caída de un cielo. ¿Cómo hallarla entre las astucias
de la poesía y del mucho ingenio
que banaliza los poemas?
Yo la estoy buscando sin prisa, entre todos
los honrados, y con un resabio de sangre en la boca
como si estuviera masticando
mi propia lengua.

[HABITÓ ENTRE NOSOTROS]
(2002)

Los pastores de cabras
     que cruzan el desierto
siguiendo largos caminos invisibles
te miran compasivos. Adivinan
que en tu quietud, recostado en la roca,
     mientras ninguna hora avanza,
desmoronas igual que el sol a las piedras
     las palabras del mal.

Cuando regresen de sus valles de pastura
     (en la aridez
sonará como agua la alegría
de los cencerros) ya no estarás. Sólo hallarán
en la roca
la huella de tu espalda
     negra,
como si hubieras ardido.

EL DESCANSO EN LA FUENTE

Samaria, tierra poco amiga, míralo
sentarse junto al pozo, solo,
          derrotado por los desiertos.

Olvidado de su sed, ensimismado, observa
los trigales sin viento,
las ovejas dormidas
          en la colina, las inclinadas hojas
de humildes hortalizas,
el reflejo del agua profunda
          abrillantando su ropa. En el mediodía
todo alcanza la limpieza de su origen,
          su tranquila plenitud.

Ha encontrado una hora única e infinita, y está
          entrado en ella. Ahora
Él está convencido:
          su eternidad es posible.

Dale ya de beber, samaritana.

LA ADÚLTERA

La frase, la limpia precisión de su lógica,
detuvo el tumulto.

        Ellos,
apretando quietamente la piedra empuñada,
obedecieron sin poder oponerse
            la orden de la frase: mirarse
en las simas de sí mismos.

En el corro acallado
empezó a obrarse el milagro. Dicen
que Él realiza prodigios increíbles. Este,
            tan esencial,
quizá sea el menos proclamado: hizo
que aceptáramos nuestras vilezas
            con honestidad.

Por ese milagro
no fui lapidada. Como si hubieran pasado siglos
las piedras violentas cayeron de sus manos
            convertidas en suave arena.

RAZÓN DE LAS PARÁBOLAS

La palabra
siendo como es, divina, se pronuncia
con lengua de hombres,
          lengua efímera pero tocada
por una gracia: la parábola,
          aquella pequeña historia
que guarda una serena ansia: ser de todos.

Por eso hablo así, hilando
La Palabra en vides, en semillas de mostaza,
en trigo
y aun en cizañas y pedregales, cosas de la gente,
de sus manos,
que luego suben como un destello
          a sus límpidas mentes.

Olvidé otra ansia de la parábola:
          durar. Recordadas sean por siempre
todas
porque todas son una, La Palabra,
          que por ahora soy yo.

[LA PIEDRA ALADA]
(2005)

LA PIEDRA DEL RÍO

Donde el río se remansaba para los muchachos
se elevaba una piedra.
No le viste ninguna otra forma:
          sólo era piedra, grande y anodina.

Cuando salíamos del agua turbia
trepábamos en ella como lagartijas. Sucedía entonces
algo extraño:
        el barro seco en nuestra piel
acercaba todo nuestro cuerpo al paisaje:
                el paisaje era de barro.
En ese momento
la piedra no era impermeable ni dura:
        era el lomo de una gran madre
que acechaba camarones en el río. Ay poeta,
otra vez la tentación
            de una inútil metáfora. La piedra
era piedra
y así se bastaba. No era madre. Y sé que ahora
asume su responsabilidad: nos guarda
en su impenetrable intimidad.

Mi madre, en cambio, ha muerto
            y está desatendida de nosotros.

LA BOCA

En la encañada
había piedras como huesos de un animal prehistórico
             que se desbarató
antes de alcanzar nuestro valle.

Un gran cráneo
quedó detenido en la pendiente con la boca abierta
y el resto del cuerpo se dispersó hacia el río.

Yo trepaba la pendiente
y me detenía frente a esa boca, una oquedad
donde el viento se huracanaba,
                          y escuchaba
murmullos, palabras que se formaban a medias
        y luego, sin decir nada, se diluían.

Nunca hubo una frase clara. La boca
como un oráculo piadoso
trababa sus propias frases ante el niño:
             lo sé ahora
y le agradezco la vida ciega.

EL ÁRBOL

Para Alicia y Lucho Delboy

En el bosque que bordea la carretera
un árbol ha desenterrado una de sus poderosas raíces
                    para abrazar una peña blanca.
La tierra no le fue suficiente:
                    la raíz es una extremidad
donde el árbol se apoya para subir aún más alto.

No conozco el nombre del árbol
pero sus largas ramas caen lacias y rápidas
                    como una cascada
                            sobre la peña.

El árbol sube y cae al mismo tiempo,
pero para nuestros ojos
            este doble movimiento es uno solo.

Cómo te lo digo: para el lenguaje
subir y bajar son dos conceptos enfrentados,
                    y nunca se funden.

Mejor ven a la carretera,
la mismidad del doble movimiento del árbol
sólo se resolverá limpiamente en nuestros ojos.

LA PIEDRA ALADA

El pelícano, herido, se alejó del mar
                 y vino a morir
sobre esta breve piedra del desierto.
Buscó,
durante algunos días, una dignidad
para su postura final:
acabó como el bello movimiento congelado
                 de una danza.

Su carne todavía agónica
empezó a ser devorada por prolijas alimañas, y sus huesos
blancos y leves
resbalaron y se dispersaron en la arena.
                 Extrañamente
en el lomo de la piedra persistió una de sus alas,
sus gelatinosos tendones se secaron
y se adhirieron
a la piedra
         como si fuera un cuerpo.

Durante varios días
         el viento marino
batió inútilmente el ala, batió sin entender
que podemos imaginar un ave, la más bella,
                 pero no hacerla volar.

LOS BUEYES

Estuvieron desde siempre aquí, emergidos
              de la tierra. Son el asomo
de rocas más profundas. Las moles dibujan,
sin perfección escultórica, toscamente,
                        dos bueyes de piedra,
no en yunta concordada
sino frente a frente, los cuerpos
dispuestos
para el arranque agresivo: un aire de fiera enemistad
los connubia, los une
              eternamente.

Los bueyes dan nombre a este recodo del valle
donde levantan sus lomos grises
entre infinitos cañaverales.
                    Cuando la zafra,
el fuego los pone en el centro del infierno. Ellos,
inmutables, son anteriores al fuego.

¿Desde cuándo no cejan sus voluntades?
¿En el principio del mundo
        volaron como dos rocas estelares,
agrediéndose
        porque entonces ya pulsaba la cólera?

Se plantaron aquí,
pero éste no es un lugar para resolver desafíos:

ya crece otra vez el inocente retoño de la caña
que detiene, que diluye, que sosiega
                    todo rencor.

JARDÍN JAPONÉS

             La piedra
entre la blanca arena rastrillada
no fue traída por la violenta naturaleza.
            Fue escogida por el espíritu
de un hombre callado
          y colocada,
no en el centro del jardín,
sino desplazada hacia el Este
                también por su espíritu.

No más alta que tu rodilla,
la piedra te pide silencio. Hay tanto ruido
de palabras gesticulantes y arrogantes
que pugnan por representar
                sin majestad
las equivocaciones del mundo.

Tú mira la piedra y aprende: ella,
            con humildad y discreción,
en la luz flotante de la tarde,
representa
          una montaña.

LAS PIEDRAS DE MI HERMANO VALENTÍN

Nuevas recién llegadas de Pingyin
me informan que mi hermano vive todavía.
Tu Fu

Después que Juan murió abrazando
      su atormentado vientre,
tú eres nuestro hermano mayor. Necesitamos
un hermano mayor
por cuestiones de responsabilidades
      de la memoria.

Sé que tú durarás más que nosotros
porque en nuestro pueblo
sólo el río
      que te da aire fresco y camarones
va rápido. La vida
transcurre como una lenta ceremonia
      y el tiempo es más mesurado.

Cuídate. No bebas demasiado
cuando mis mentirosas palabras
      aparecen en los periódicos. Cuídate, sigue
buscando esas piedras calientes
tan benéficas para tu panadizo de próstata.

Felizmente nuestro pueblo sólo tiene piedras y barro.
Me olvidaba:... y sol que calienta las piedras
donde te sientas para aliviar tu punzante dolor.

Ay, hermano, perdona esta risa irreverente,
                    pero imagino
que cuando te vas
queda sobre las piedras
          una lengüita de fuego de Pentecostés.

LAS MARISCADORAS

Al amanecer
una decena de muchachas, como en un mito,
                entran algunos palmos en el mar tranquilo.

Visten un traje negro
                y buscan
entre las piedras
los cangrejos y las conchas que ha dejado la marea alta.

        Una roca oscura se confunde con ellas. Sólo asoma
hierática,
con el agua baja. Si respirara el aire salino de las muchachas
reiría con ellas
        que se lanzan cangrejos y comen almejas crudas.
Las muchachas ignoran que esa alegría vibrátil
        es su victoriosa debilidad.
        Cuando la marea suba
huirán del avance de las aguas, la roca no.
Ella será la hermana severa
que increíblemente pasa la noche bajo el agua.
        Mañana
volverá a emerger con la cabellera de rizadas algas
y el triste orgullo de no deberle nada a nadie.

EL FÓSIL

La vida en ti fue un pez de 20 centímetros.
Tu remoto latido, hoy petrificado,
vive ahora en mi cuerpo
          tan inverosímil como el tuyo.

Tú ya no puedes mirarte ni mirarme, no sabes
lo extraño que es ser pez u hombre.
Somos, te digo, inverosímiles, caprichos
de una madre delirante
que cuaja infinitas e insensatas formas en el mar
          y la tierra.

El ruido alegre de los niños en el museo
que se empinan a mirar otros fósiles
interrumpe mi habitual pesimismo,
          y me enternece:
después de todo, pescadito,
          tal vez alguna razón existe.

PIEDRA DE COCINA

1

Esto sucede en la cocina cada domingo:
mi hermana secciona en presas
        tiernos cabritos o conejos.
Los animales, despellejados sobre la tabla,
            proverbialmente vivaces y elásticos,
parece que guardaran memoria de su muerte
            que aquí se prolonga.

Mi hermana, en su crueldad funcional y sin pesar,
            compromete a una piedra, la hace cómplice.
Es un canto rodado negro
con el que golpea el lomo del cuchillo.

Las presas adobadas
        se hacen en el fuego manjar familiar, tribal,
que en la mesa bendecimos
con vino
            y sin escrúpulos.

2

Es más fácil coger un cuchillo de día que de noche,
o una taza, o un azucarero.
De día las cosas son dóciles, se avienen
        a nuestro dominio.

De noche, en el silencio y la penumbra, nos resisten,
tienen otro peso, decantan su porte, aunque algunas
                    se revelan más frágiles.

Esta noche distinguí en la cocina
al canto rodado negro. Era
un pequeño animal que se abrazaba fuertemente
          a sí mismo
o se devoraba hacia adentro
            en su apretada intimidad.
No era la piedra dura que golpea el lomo del cuchillo
y destaza
              los animales de la comida.
Yo la oí llorar, y era blandita.

¿Cómo sería la luz de la madrugada
    en que Abraham, el hombre de la cerrada fe,
subió al monte Moriah
llevando de la mano a su unigénito Isaac?

Tiene que haber sido una luz hondamente azul
como la de este amanecer: en aquel azul
Abraham imaginaba
la vibrante sangre de su hijo en el cuchillo.

        La sangre vibra más en el azul.
Lo sé porque mi piel, de tan sola ahora,
segrega sangre en la palma de mi mano:
            el primer milagro de mi día, o castigo,
por haber querido subir la cuesta de la montaña
con una muchacha (más hija que esposa).

Ella, al primer sol, huyó asustada,
                me negó
su joven cuerpo para el sacrificio
y yo no pude demostrarle
                mi fe neurótica a Dios.

FÁBULA

En el cauce del río seco
una espigada yegua orina sobre un sapo agradecido.
Yo, que voy de paso, sonrío y recuerdo
          una antigua ley de compensaciones
de la magia: más feo el sapo
más bello y deslumbrante el príncipe.

Ay, pero la abundante orina de la yegua no es amor
y, aunque amorosamente regada,
          no rompe los hechizos más perversos:
es sólo un poco de agua ácida en esta sequedad solar.

La yegua se aleja trotando aliviada, moviendo
las ancas
como una muchacha. Yo voy por los espinos resecos
recordando al sapo:
          el pobre no tenía encantamiento
y se quedó solo
y soportando su fealdad inmutable
                    y ahora meada.

LA QUIETUD

Para Micaela

He llegado a la tortuga.
Estoy frente a ella como ante una orilla
o un lugar límite donde uno se sienta a pensar.

Sobre la tortuga,
la inacabable e inútil agilidad de los monos
        que derrochan sus cuerpos
entre las ramas de un árbol, como ellos, enjaulado.

Las tortugas viven impasibles
y aparentemente
            sin soñar vuelos ni arranques elásticos
del cuerpo
o del espíritu.
                Y entonces prejuiciamos
que a las pobres no les está permitida la pasión
                    y sus euforias.

Sin embargo, llegado su tiempo de celo,
            que no tiene cantos ni danzas,
las siete carnes míticas que guarda su caparazón
se encienden en silencio.
                Y cuando macho y hembra
se encuentran, uno ya precipitado en el otro,
                un ansia extrema

los inmoviliza,
                    y gozan sin meneo.

Teníamos igual fijeza, amor mío,
en el momento de nuestra pasión más alta:
                         el pez dorado
          en el río inmóvil, la quietud
que avanza, el estado de gracia
en la caída del suicida, cállate
                porque no había palabras.

EL VADO

Si vas por la playa donde se vadea el río
verás,
plantadas en el limo,
           largas varas de eucalipto. Están allí
para los caminantes que van a la otra ribera.
                    Una será tu cayado:
con ella tantearás, sin riesgo, un camino
entre las aguas turbias
                y las piedras de resbaloso musgo.

Cuida de dejar hundida la vara
                con gratitud
en la otra orilla: otro viene:
acaso mi padre
que en las tierras amarillas busca sandías silvestres,
            acaso yo
que regreso, retrasado y viejo,
                mirando ansioso mi pueblo que tras el río
ondula o se difumina en el vaho solar.
                        Allí,
según costumbre, sembraron mi ombligo
                entre la juntura de dos adobes
para que yo tuviera patria.

Deja el cayado clavado en el limo.

LA PLAZA

Cada vez que regreso aquí
         mi corazón cambia de ritmo, aquí
donde lo que sin fe llamamos vida, se adormece
         sobre la tierra caliente y pobre.
Es la primera o segunda hora de la tarde, no lo sé:
            el reloj roto de la torre
nos dice que medir el tiempo,
                  más infinito aquí,
es una arrogancia.
El cielo se ve grande y luminoso,
            perfecto para una elevación,
pero en esta plaza nada delira,
               todo es terrestre:
pasan mis paisanos, siempre gente de paciencia
                  y razón.
Oh tierra natal, ¿por qué no me diste tu sensatez?

Yo recuerdo:
                  en la puerta de la iglesia
un cabrito se descomponía entre moscas. Lo encontraron
            mortinato en el pesebre
y con seis patas agarrotadas. Lo trajeron al atrio
como un reclamo a Dios: no debes alterar las cosas.

Oh tierra natal, perdóname, yo aún soy el necio
que aplaude a ese Dios de las equivocaciones,
                     y te huye.

EL PAN

Perdonen que lo diga sin pudor,
pero mi madre y yo vivíamos en un pueblo
                    de hambrunas.
Las carencias
nos llevaban a todos a una especie de inocencia,
                    a un vivir
en el centro puro de nosotros mismos.
Así es cuando ya no queda nada, salvo
la postura orgullosa de mi madre
                    que dormía como saciada.

Cada cierto tiempo pasaban profetas
que repetían monsergas en nombre de un dios
                    prometedor, pero cruel.
Ninguno trajo lluvia sobre los campos yermos
                    ni hizo el milagro de una simple lechuga.

Una tarde se asomó a nuestra puerta
un extranjero de mirada llameante, otro agorero,
pero no supimos quién ardía en él, si su dios
                    o su demonio.
Dijo llamarse Elías y tenía gran hambre como nosotros.
                    Se quedó mirando a mi madre
que en la artesa mezclaba un puñado de harina Santa Rosa
                    con una cucharada de manteca sin nombre.

Estoy haciendo un pan para mi hijo y yo. Lo comeremos
y después, con la dignidad de los pobres satisfechos,
nos moriremos de hambre, dijo mi madre
                    en Reyes 17:12.

VIVERO

La luz del sol atraviesa las cañas de la ramada
 y cae moteada
        sobre los helechos muertos.

Más allá la luz es atmósfera. Aquí
        es una lluvia de círculos intensos
que se hunden
entre el humus y las plantas pútridas.

        Amo esta luz
porque es el albor enterrado y fértil
que tiene toda serena corrupción.

EN ESA CASA...

En esa casa, a puerta cerrada,
          mataban chanchos.
Ver muertes y destripes
nos hubiera sido más benigno:
          ya habríamos olvidado.

Pero no: sentados en la vereda rota
     sólo oíamos gritos desesperados,
largos vagidos de agonía. Nuestra imaginación
     creó un animal casi humano.

Los ruidos de la muerte venían por el aire.
          No respires, dijo alguien.
¿Fui yo el que habló? No lo sé, pero todos intuimos
que esa agonía
entraba en nosotros
     como un oscuro veneno
que algún día tenemos que devolver.

EL DESTETE

Con qué paciencia
la madre envuelve su magro seno con lana de oveja
negra. Y el seno ya no es más
el sitio de la ternura.

Agotada la dulce leche, la madre hace el ancestral rito
                              del destete:
el niño viene y encuentra
el animal de lana negra en el pecho amado
          donde sólo el viejo pezón nutricio
asoma todavía como una provocadora
                    trampa.

El niño huye escarmentado
y ahíto
                    de su primer gran miedo.

Su amor renacerá de ese miedo. Y ella
será la madre
          que le temblará siempre en la boca.

LA JOVENCITA

El algarrobo se inclina como una nube verde
sobre la única bodega del pueblo.
        Detrás del mostrador humilde
una grácil jovencita lleva nuestra mirada
        a un tiempo sin malicia.

Tiene el cabello recortado
como un muchachito travieso. El próximo año
tendrá la cabellera larga. El cuerpo
sobrecoge de tan puntual y prolijo: cumplirá
con el crecimiento de cada uno de sus cabellos
y hará sonar una música
        menos inocente.

Mientras tanto, ella guarda sus negros mechones
en un frasco de vidrio
junto a los caramelos y gomas de menta.
        Eso es siniestro, pequeña.
Tú, tan vivaz, hija
        del solcito que venimos a buscar,
no deberías guardar nada muerto. No es justo
para los que ahora te miramos
como agüita de yerba para el desasosiego.

LOS GORRIONES

El trinar de los gorriones entró por la ventana abierta,
pero yo desperté lleno de brumas: casi hasta el amanecer
        busqué palabras sin provecho de belleza.
Los gorriones cantan una cascada
            de notas rápidas y precisas.
Ellos ya resolvieron su problema
        y cantan por oficio de sus cuerpos,
pero no los veo entre las espesas ramas del ficus.
Quizá ya se fueron,
quizá ya no existen gorriones en el mundo
y ahora el canto que persiste
            es el gorrión verdadero, la dulce materia
de los gorriones que se extinguieron.

Y pregunto con solidaridad de insomne: ¿cuántos
        buscaron
anoche
con agónico deseo
otras palabras
o un movimiento nuevo del cuerpo en la danza
o una melodía arrancada del inviolable silencio
        de las estrellas
            o un trazo de pincel
que dibuje el universo entero como quería Utamaro?

Acaso sea muy pronto para lograrlo, acaso
        aún somos muy densos.

Mientras tanto
balbuceamos, pergeñamos,
pero nadie podrá decir que no intentamos
                    llenar la sima de nuestra angustia.

Algún día, Dios mío, alcanzaremos a decirte
de qué materia estamos hechos.

Hagámosle caso a Simeón, oigamos
sus consejos, sus prédicas, sus advertencias
            porque nos habla desde un sitio perfecto.
La sabiduría
consiste en encontrar el sitio desde el cual hablar.

Simeón nos habla desde lo alto de una columna
de piedra marmórea
que ha tallado
            y plantado en medio del desierto.

No está, pues, ni en el cielo ni en la tierra.

Arriba, en el cielo,
vuelan los ángeles de ojos blancos
con sus pensamientos purísimos que
                ninguna pasión humana agita
                o enturbia.

Cuando Simeón baja la mirada a tierra
                ve a los peregrinos
rodeando la base de su elevada columna, esperando
ansiosos
su palabra.
                Observa tristemente
esos rostros demasiado afectados

por la inevitable vulgaridad de la vida terrestre, y luego
habla
                    y su palabra
es un fragor llameante que funde ángeles y rampantes.

HE DICHO

Qué rico es ir
de los pensamientos puros a una película pornográfica
y reír

       del santo que vuela y de la carne que suda.

Qué rico es estar contigo, poesía
de la luz

       en la pierna de una mujer cansada.

[BANDERAS DETRÁS DE LA NIEBLA]
(2006)

A este cadáver le falta alegría.
Qué culpa tan inmensa
cuando a un cadáver le falta alegría.
Uno quiere traerle algo radiante o gustoso (yo recuerdo
su felicidad de anciana comiendo un bife tierno),
pero Dora aún no regresa del mercado.

A este cadáver le falta alegría,
¿alguna alegría aún puede entrar en su alma
que está tendida sobre sus órganos de polvo?

Qué inútiles somos
ante un cadáver que se va tan desolado.
Ya no podemos enmendar nada. ¿Alguien guarda todavía
esas diminutas manzanas de pobre
que ella confitaba y en sus manos obsequiosas
parecían venidas de un árbol espléndido?

Ya se está yendo con su anillo de viuda.

Ya se está yendo, y no le prometas nada:
le provocarás una frase sarcástica
y lapidaria que, como siempre, te dejará hecho un idiota.

Ya se está yendo con su costumbre de ir bailando
por el camino
para mecer al hijo que llevaba a la espalda.
Once hijos, Señora Coneja, y ninguno sabe qué diablos hacer
para que su cadáver tenga alegría.

LA SERPIENTE

Aquí fue donde la serpiente
deshizo su rosca y se deslizó velocísima
bajo el cerco de laureles.

Con el alma aún suspendida, dudé:
¿había visto una serpiente
o me había asaltado una vibración, un vértigo antiguo
que dormía sobre la yerba y se había despertado
a mi paso?

Aquí fue,
junto a esta bocatoma, donde vislumbré
hace tantos años
la posibilidad de un mundo de movimientos remanentes
que quedan a flor de tierra: el aleteo
inútil de la torcaza quemada por el fuego de la zafra,
el correr errático de lagartijas y ratas
perseguidas por el mismo fuego unánime,
la cojera del zorro herido por una escopeta de sal,
la fuga de aquella serpiente.

Aquí fue,
y aún despiertan como espectros entre mis pies.

LOS BÚFALOS

Pon el oído en la tierra, escucha
la estampida de los búfalos
y dame la razón: ¡quién
más terrestre y cuadrúpedo que un búfalo!

Si hubiera algún conejo
en la ruta de los búfalos, la tierra
no nos traería sus brincos asustados.
Ella sólo recoge el furor ciego, no la muerte
del suave conejo
entre los cascos de la horda.

ORGASMO

¿Me dejará la muerte
gritar
como ahora?

LA FOTOGRAFÍA

Este señor insistente, consciente de su poder,
me dice: relájese, mire a través de la ventana,
coja el libro, finja que lo lee, perfecto.

Más tarde, en su laboratorio, después de que la luz
imprima el papel fotográfico
empezaré a asomar tenuemente, lentamente
en la bandeja del ácido revelador. Apareceré
como él espera que aparezcan todos los poetas:
maricas mirando en lontananza
o angelotes ensimismados en las bellas letras.

¿Y si en la oscuridad del laboratorio, de pronto,
sonara la voz de otro poder, un dios terrible
que me ordenara
que no me detenga en mis facciones, que siga
revelándome
sin interrupción
hasta mostrar las profundidades de mi carne,
mis células, mi entramado más íntimo?

¿Sólo el pálpito inicial de donde vine
quedará temblando sobre el papel negro?

RIENDO Y NUBLADO

La meningitis mató en su cama al hijo del carnicero.
Tanta sangre hubo en esa casa
que una muerte limpia sólo fue aceptada
ante un espejo brillante, sin la opacidad de un resuello.

Desde entonces, los muchachos
empezamos a asomarnos con incredulidad a los espejos.
Nada pagaba
la luz que veíamos bailando en nuestros ojos
y la satisfacción de la veladura en el cristal
tras echarle nuestro aliento, el mejor gesto de los vivos.

Mirándome en los espejos
y soplándoles tontamente mi hálito
he persistido hasta hoy.
Sí, ese señor entrecano en el marco dorado
soy yo.
Grito: ¡Soy yo! ¡Soy yo!
Y me da un enorme placer verlo, riendo y nublado. Soy yo
y si no lo fuera también diría que soy yo
porque quiero ser (y seguir siendo) en cualquier rostro vivo
con tal de no ser, como el hijo del carnicero, el muerto.

ÚLTIMA NOTICIA

158

Ésta es tu última noticia, cuerpo:
una radiografía de tus pulmones, brumas
inquietantes, manchas de musgo sobre la nieve sucia.

La tierra espera que algún día
todos los órganos, como los perros, la husmeen
buscando la yerba benéfica. Tus pulmones,
entre hojas sedosas,
lucirán sanos y tersos como recién nacidos
y concertarán con un joven buey
el ritmo amplio de su respiración. Al fondo
habrá un cielo luminoso y ninguna sombra,
sobre todo ninguna sombra aciaga.

BANDERAS DETRÁS DE LA NIEBLA

Hay una vejez triste e indefinida en el puerto,
más herrumbre en el muelle
y bares sospechosos en la ribera
donde antes había casonas rodeadas de yerba tenaz.

Una noche, cuando una niebla densa y turbia
cubría el mundo, yo caminé a tientas
por el entablado del muelle. Adolescente aún,
acaso buscaba el terror gozoso de la evanescencia.

Iba confirmando con las manos la baranda, sus uniones
de metal, las cuerdas de las trampas de cangrejos
atadas a las cornamusas oxidadas. Los cangrejos
merodeaban de noche los restos del pescado eviscerado, tripas
que rodaban en el fondo marino
o se enroscaban como serpientes en las pilastras del muelle.

Escuchaba la suave embestida de las olas
en el costado de los pequeños botes
que en las madrugadas salían a recoger redes
cruzando entre los buques de guerra estacionados en la bahía.
Un perro abandonado en el fondo de un bote, tan ciego
como yo, gemía.

Entonces vi banderas que alguien, a lo lejos, agitó
detrás de la niebla.

Quedé deslumbrado y mudo. Ninguna apostilla
sobre la belleza hablará realmente de aquellas banderas.

EL ALGARROBO

El sol ha regresado esta tarde al desierto
como una fiera radiante. Viéndolo así,
tan furioso, se diría que viene de calcinar toda la tierra.

Ha venido a ensañarse
donde todo ya parece agonizar. Huyeron
del repaso de los muertos el zorro gris, los alacranes
y la invisible serpiente de arena.
Sólo el algarrobo, acostumbrado como está
a su vida intensa pero precaria, ha permanecido quieto,
solitario entre las dunas innumerables.

Este árbol nudoso, en su crecimiento
ha fijado posturas inconcebibles: alguna vez
cimbró la cintura como un danzante joven y desmañado.
alguna vez, aturdido,
estiró erráticamente los brazos retorcidos,
alguna vez dejó caer una rama en tierra como una rendición.
No hay cuerpo más torturado.
Lo único feliz en él es su altísima cabellera verde que va
donde el viento quiere que vaya.

El algarrobo me pone frente al lenguaje.
En este paisaje tan extremadamente limpio
no hay palabras. Él es la única palabra
y el sol no puede quemarla en mi boca.

FLORES

La madreselva se cerró al amanecer
y yo, sin su perfume, seguí creyendo en la poesía.

Es difícil persistir en la poesía, más aún
cuando ella misma nos desorienta:
en la desesperación
yo escribí los poemas más sosegados.
¡Casi enloquezco pidiendo calma!

Ahora, después de la noche en blanco
y ningún verso, estoy en paz.
La madreselva, ya lo dije, se cerró al amanecer.

Otras flores habrá a lo largo del día.
Los lirios que pone mi mujer en la sala,
las rosas que dejan caer los cortejos fúnebres,
las flores carnívoras que se cierran tan violentamente
que apenas dejan ver a la abeja que matan.
De estas flores aprenderé, una vez más,
que la poesía que tanto amo sólo puede ser
una fugaz y delicada acción del ojo.

162

El estanque antiguo,
ninguna rana.
El poeta escribe con su bastón en la superficie.
Hace cuatro siglos que tiembla el agua.

EL CAMISÓN (MAGRITTE)

Mi madre dejaba su camisón colgado de la percha
cuando se iba al mercado
o a intercambiar infortunios con sus vecinas.
El camisón de mi madre tenía tetas, tetas
inagotables.
Eran la mejor fábrica de ese mundo perdido,
considerando que había otras igualmente silenciosas
donde se destilaban la sangre, las resinas,
y la savia de los grandes ficus de la plaza.

Mi madre, como los animales milagrosos, comía
hierba, miel y tierra
y producía leche de diferentes sabores, sin olvidar
los tóxicos.
Primero alimentaba a los muertos. Las madres perdían
muchos niños en el fondo de esas casas lúgubres.
Ellos les merodeaban siempre los senos
y yo imaginaba que bebían
mientras ellas se limpiaban a solas los pezones en los patios.

Yo estoy vivo. Mira ahora mis huesos, limpios y blancos
como lirios
porque tuve, entre vestidos viejos,
los mejores surtidores de la tierra, dos tetas pródigas
dejadas cuidadosamente en un camisón de lino.

Si sombras son ahora de esposa y esposo
¿cuál su cielo?
Un cielo desadornado, que así les agradó
tenerlo en la tierra.

Practicaban
la admirable belleza del amor huraño
donde el macho se queda rondando por ahí,
oliendo la tierra, las plantas, el lecho,
esperando otro llamado áspero.

De pronto, en ese ardor seco, una gentileza:
el esposo le obsequió a la esposa
una bata con un salmón rojo en la espalda.
La esposa, turbada por la inusual gracia,
vistió la prenda de seda
y el cielo estoico se rasgó por primera vez:
un rayo de luz iluminó al salmón
que parecía subir a gusto por la cascada
de los hermosísimos cabellos azulados de la esposa:
una bella imagen que ella, tan conmovida, no podía ver.

Dígasela usted, padre, para que deje de llorar.

LOS AMANTES
(GRABADO ERÓTICO DE HOKUSAI)

Abundantes ropas envuelven a los amantes,
sólo un hombro o un muslo están desnudos como pulpas
de luz
y los sexos en su quieta fiereza.

Si el acoplamiento es inmóvil, las sedas de las ropas
no dejan de ondular. Las telas,
delicadamente estampadas
con menudas flores de una primavera geométrica,
se deslizan por toda la esterilla, avanzando
y acumulándose en pliegues breves y rápidos.

Si la luz de la carne es blanca,
las sedas fluyen como un río de varia coloración, un río
que se desprende del cuerpo de los amantes
que, cerrados al mundo, ignoran
cómo se agitan esas pequeñas flores rojas.

En la calle de las compras
es admirable ver cómo las gentes van funcionando tan bien.
Caminan articulando tobillos, rodillas,
la cadenciosa coxofemoral
y cuantos goznes nos mantienen verticales y arrogantes.

(Tonterías que pienso
mientras mi mujer, algo abochornada,
compra la lencería que luce la maniquí, tan fija
en el estereotipo de hembra deseable).

Mi mujer es bella, para decirlo sencillamente y mirándola
de frente: no río o fuente como se decía antes
sino carne esbelta
sostenida y elevada por sus huesos
que a veces, secreto y morbosos, toco como si buscara
las formas que la van a sobrevivir.

Todos pasan, ya lo dije, perfectamente vertebrados,
pero el deseo que llevan, si lo llevan, no tiene huesos
(la razón está llena de esqueletos). El deseo no tiene nada
pero quema todos los cuerpos.

La que viene, la que se alza allá, es mi mujer.

Ay amor, el deseo de nuestros cuerpos
jugará esta noche, como el de todos los amantes,

con la muerte y la disolución, y tanto
que después nos parecerá increíble tener todavía pies
para seguir caminando.

LA PARED

Había una pared de adobe
sin revestimiento donde se apoyaba mi cama.
En la madrugada, mi nariz contra la pared
aspiraba su olor profundo: tierra
traída de la encañada donde se entretejían,
como en un arabesco, raíces muertas de pasto.

A mis espaldas mi familia dormía hacinada
como una tribu acampada en un lugar ruinoso.

Entonces yo ponía mi lengua en la pared
para dejar una mancha húmeda antes de irnos.

[EL OTRO ASTERIÓN]

*El adulterio de la madre con el toro era evidente
por lo insólito del monstruo híbrido. Minos decide
alejar de su palacio esta infamia y encerrarlo en
una mansión intrincada.*

OVIDIO (*Metamorfosis*)

*De tantos juegos el que prefiero es el del otro
Asterión. Finjo que viene a visitarme y que yo
le muestro la casa.*

JORGE LUIS BORGES
(*La casa de Asterión*)

1

Miras al sol en su hora cenital
(los altos muros no te permiten otro sol) y su luz
ilumina tu cuerpo inverosímil.
De noche la luna pasa mirándote silente
en medio de la soledad brillante de las estrellas.
Ellas son eternas. Ellas no transcurren.
Sólo tú transcurres, Asterión: tus órganos
palpitan y tienes hambre.

Cascas los huesos juveniles
que aún conservan el tremor del miedo.
No comprendes el miedo.
Crees que todos deberían resignarse a ti.
¿Por qué los muchachos y las doncellas
arañaban los muros
queriendo huir por una escalera que no existía?
¿Por qué se tendían inmóviles sobre el piso
como cadáveres indignos?
¿Por qué rezaban?
Miras sobre el polvo las huellas de sus pies desesperados,
sus idas y venidas que tejían una red, una trampa,
en cuyo centro, como araña monstruosa,
tú los esperabas.

Esta casa que me muestras, Asterión,
no es, como en tus sueños, un desierto
donde inventas una arquitectura intricada. Existe
como tu biología

que no conocerás nunca (ese último nervio tuyo
tan fino
que se hace alma).
Tus días son para andar y desandar estos pasajes
al azar
como ciego que tienta el aire
hasta encontrar su asiento perdido, y luego sonríe,
vencedor de su propia confusión.

2

A veces
un leve crujido entre dos piedras,
un grito lejano, un temblor del aire,
sobresaltan tu sueño. Tu pensamiento
es de sospechas.
¿Crees que el mundo se está desmoronando
por sus bordes
y está cayendo en el mar?
¿Crees que ya todo está destruido
y esta casa flota en el espacio buscando un lugar
donde posarse?

Esta casa, Asterión, es como el águila
que cruza el cielo: ha nacido
del propio deseo de navegación del infinito.

Los cretenses temen esta construcción, la evitan,
dicen, aunque no me consta: ¿no hubiera sido más simple
encerrarlo en una cueva tapiada
o entre cuatro paredes con un perro carcelero?

El Rey pudo haberte asesinado, Asterión,
y arrojado a los extramuros donde las aves de rapiña
y los cerdos
se disputan los animales muertos.
Te exilió aquí como una advertencia.
Eres más que la memoria de su verguenza:
en ti se cumplió la más honda biología, el deseo
que se realiza como en el sueño
donde lo atroz es una feliz inconciencia.
En ti está la otra belleza,
la que encendió a tu madre,
la que podría desordenar el mundo.

3

Es joven y dice llamarse Teseo
y blande su espada refulgente alrededor de ti.
Vino creyendo encontrar a una fiera,
ahora sabe que no lo eres.
Mirando tu danza de esquivamientos
comparte contigo la razón peligrosa:
la vida depende de una falla en la cadencia.

El traspié ha sido tuyo, Asterión:
la espada ha entrado ciegamente en tus entrañas:
qué verdadero es el metal en la blandura de un cuerpo,
y tu frente hirsuta
y tus agudas astas
caen ante este muchacho que te confiesa temblando
que tú eres su primer muerto.

Míralo irse apremiado por la gloria que lo espera.
Se va ovillando el hilo que fue tendiendo al entrar.
Él no es de los audaces que se echan al camino ignoto
sin la certeza de volver.
No quiso la incertidumbre.
El hilo que lo guía hacia la salida
hace mediocre su brillante aventura.

Tú quedas como un derrumbe de piedras
y una debilidad infinita, casi placentera.
Tu mirada, ya casi transparente, descubre
en el polvo
las huellas inequívocas
de las sandalias atenienses de Teseo.
Entre tantas antiguas pisadas confusas,
ellas van claras y decididas hacia la salida.

De pronto el sol se enciende sobre tu cabeza
y su luz reemplaza a tu sangre en tus venas
y circula
como una gracia postrera.
Anda tras las pisadas de Teseo, Asterión,
y muere mirando el paisaje de los hombres.

4

¿Puedes ver los campos que se extienden respirando cansinamente
como si una conciencia subterránea
aún deseara que el mundo fuese acogedor y eterno?
Mira: sobre la superficie, en el camino cercano,

la estatua degollada de un dios olvidado,
un anciano que sube penosamente por un sendero de cabras,
un asno que agoniza o duerme bajo un olivo,
un labriego que cosecha el trigo
que comerá mañana caviloso y cansado.
Aunque no esperabas otra cosa, Asterión,
estás desencantado.
Pero ya cae la tarde y bajo el último sol
sólo brilla tu cuerpo que ya no existe.

APÉNDICE

LAS PARADOJAS DEL LENGUAJE:
ENTREVISTA CON JOSÉ WATANABE[1]

Subimos la escalera de caracol. A esa altura es posible respirar el olor salino del mar; Watanabe nos espera, se disculpa por los carraspeos. Nos confiesa que un mal bronquial lo afecta desde hace algunos años: "el clima húmedo de San Miguel no es el más propicio para tu salud", le decimos. Entonces, a modo de contraste, nos habla del clima seco y asfixiante de Madrid, del aire cálido y sin humedad de Berlín. Nos sentamos en la sala donde algunos cuadros de tamaño regular adornan las paredes; no tarda en ofrecernos un té. Al poco rato aparece cargando una fuente con cuatro tazas humeantes de buen tamaño: "éste es un té ahumado", nos explica. "Antiguamente los mercaderes llevaban en caravanas el té desde la india hasta China. En su largo transitar, hacían algunas pascanas. Allí encendían fogatas, el olor de los leños se impregnó en los costales, y de esa forma casual descubrieron las bondades de este tipo de té". Seducidos por la historia, damos un sorbo a nuestra taza; el sabor del humo deja una sensación perenne y agradable en la boca.

---

[1] Realizada por José Cabrera Alva, Agustín Prado Alvarado y Moisés Sánchez Franco el 10 de septiembre del 2005. La entrevista fue publicada en la revista *Ajos y Zafiros*, a quienes agradecemos su permiso para reproducir este texto.

Ajos & Zafiros: Hace poco estuviste en España comprobando el éxito de tu libro; te habrás preguntado sobre el conocimiento que tienen los editores españoles de la actual poesía latinoamericana y, sobre todo, peruana.

José Watanabe: Claro, cuando conocí en Madrid a Abelardo Linares, dueño de Renacimiento, le pregunté cómo trabajaba. Me interesaba saber si conocía la literatura latinoamericana y, sobre todo la peruana. Hablamos de algunos autores nacionales. Entonces, le pregunté: "¿Por qué no publicas a fulano o zutano?" "Fulano no me interesa", me respondió categóri-camente. Más tarde me di cuenta de que ellos no publican a alguien cuyo trabajo tenga un equivalente en España. Buscan la novedad.

A&Z: España se ha vuelto un mercado poco favorable para los escritores peruanos; entonces, fuera de la calidad implícita del texto, ¿por qué crees que *La piedra alada* ha tenido tanta acogida?

J.W: No sé, hay una explicación que me daban ellos. Al parecer, la poesía allá está dividida en dos grupos: los poetas de la experiencia y los poetas de la diferencia o místicos (una división semejante a la que tuvimos aquí en los 50, sociales y puros). Los poetas de la experiencia son, por decirlo con un aire local, *horazereanos,* son poetas más objetivos, poco reflexivos, vitales y de lenguaje coloquial. Derivan de Jaime Gil de Biedma. Los poetas de la diferencia son más reflexivos, hacen poesía del propio lenguaje. José Ángel Valente es su paradigma. Estas dos tendencias se han polarizado. Me contaba un amigo que radica allá, que tal vez mi libro haya caído bien porque en mis textos hay una experiencia que se hace reflexión, de suerte que sin querer mi obra se ubica en medio de estos dos grandes grupos, de estas dos posturas encontradas. Eso demuestra que el prestigio de la poesía depende muchas veces del azar, de cuestiones aleatorias.

Los castillos verbales: la vocación por la arquitectura y la vida en el aire

A&Z: Teniendo en cuenta que estudiaste arquitectura, ¿es posible que ésta haya dejado alguna huella en tu poesía? Porque en tus textos se percibe esa idea de la perspectiva, de lo simétrico, del apego al diseño.

J.W: Justamente llegué a la arquitectura porque me gustaban las estructuras; las naturales: una hoja, una planta, los caracoles; y también, las diseñadas por los hombres. Por ello terminé estudiando arquitectura. Si abandoné pronto los estudios fue por razones de tipo económico, y cierta pequeña crisis existencial que partió del horror que siento ante un trabajo permanente. Pensé que como arquitecto iba a estar atado para siempre a un tablero. A mí me gusta que la vida tenga su lado aleatorio, su incierto mañana.

A&Z: ¿Desarrollaste el gusto por algún tipo de arquitectura en especial?

J.W: Hay una arquitectura que es obviamente más funcional, donde la estructura es mucho más rígida. Pero hay arquitectos que son más imaginativos, los llamados visionarios, que plantean estructuras más escultóricas, como Gaudí o Le Corbusier. Hoy día los nuevos materiales como el acero o los cascarones de concreto permiten formas más plásticas, líneas más continuas. Pero no tengo un paradigma definido. Es cualquiera que organice formas, sean volúmenes o frases.

A&Z: ¿Cómo consideras que la arquitectura influye en tu poesía?

J.W: No sé cómo es el trasvase de este pensamiento de diseño de estructuras arquitectónicas a la poesía, pero siempre queda algo, como un remanente. Cuando empiezo a escribir un poema estoy pensando cómo diseñarlo, qué debe tener, cómo debe empezar y cómo debe terminar, y aunque en un inicio no tengo la frase final, casi siempre sé cuál debe ser el concepto integral del texto.

A&Z: Siendo para ti la arquitectura una vocación tan fuerte, ¿por qué no terminaste la carrera?

J.W: La respuesta es compleja. Yo podría ser muy lírico y decir que la poesía me ganó. Realmente hubo otras razones. Sin duda hubo mucho de influencia de la poesía, pero confluyeron también una serie de problemas económicos y personales. Además, tuve por esa época una pequeña crisis existencial: en ese momento pensaba que un poeta debía tener vida de poeta. No me gustaban los poetas que estaban sujetos a un trabajo permanente. Pensaba que el poeta debía vivir más a salto de mata, libremente. Creía que debía ser más aventurero, que su existencia debía ser lo menos rígida posible. Pensaba que un tablero de arquitecto me iba a sujetar a un espacio determinado de por vida.

A&Z: ¿Ahora suponemos que ese concepto de poeta de vida libre se ha atenuado?

J.W: No, sigo pensando igual. Si se fijan bien, no tengo nada que me sujete. Claro, ahora tengo tres hijas y una esposa, pero felizmente puedo conciliar mi responsabilidad de padre y esposo con mi vida en el aire.

Entre guiones: el testigo azorado de Fátima

A&Z: Has adaptado obras literarias como *No una sino muchas muertes* de Enrique Congrains y *La ciudad y los perros* de Mario Vargas Llosa, ¿esta labor responde a una vocación implícita o fue sólo un trabajo alimenticio? Y si es una vocación, ¿cómo nace ésta?

J.W: Mi primera experiencia cinematográfica fue en Laredo, done había un cine que funcionaba solamente los fines de semana. Recuerdo que tenía seis o siete año cuando mi padre me llevó a ver mi primera película, se llamaba *Los milagros de Fátima.* Imagínense mi asombro; era un niño que no estaba acostumbrado al mundo audiovisual. Estaba maravillado: nunca había visto algo que se moviera en una superficie plana. Me asombré mucho, la gente parecía viva sobre la pantalla. Mi mirada era inocente y crédula. Mi impresión fue tal que durante varios días salí corriendo por el campo, preparando mi reacción cuando la virgen se me apareciera. Desde ahí empezó a gustarme el cine. Siempre fui "cinemero". Cuando en forma aleatoria conocí algunos directores de cine y empecé a trabajar con ellos, lo hice sin tener mayor conocimiento de lo que era un guión cinematográfico.

A&Z: Y para ti, ¿qué es un guión cinematográfico?, ¿qué es lo que más aprecias de hacer guiones?
J.W: Volvemos a las estructuras. Un guión es, básicamente, una estructura. A mí me gusta el guión porque primero tienes que estructurarlo. No puedes escribir la primera palabra del guión si no tienes toda la estructura completa, y el guión tiene una estructura a veces muy rígida.

A&Z: ¿Y cuál es el proceso de enfrentarse a textos literarios, incluso canónicos, para llevarlos al cine?
J.W: Es que hay distintos modos de enfrentar una obra literaria para ser llevada al cine. En el caso de *No una sino muchas muertes,* que terminó siendo *Maruja en el infierno,* no me propuse adaptar la novela, sino tomar algunos elementos y recrearlos. Pero en lo que se refiere a la *La ciudad y los perros,* sí tenía interés por que la gente viera la novela en la pantalla, por lo que debía ser

más fiel. Es cierto, toda adaptación empieza por una fidelidad inicial, la cual consiste en entrever el sentido final de la novela. Desde mi perspectiva, la novela de Vargas Llosa propone que toda estructura vertical y rígida genera una deshumanización y una implacable corrupción. Ese concepto tenía que verse reflejado en la película.

La poética del ojo: el poeta que quiso ser pintor

A&Z: Dijiste alguna vez que los textos primeros de *Habitó entre nosotros* surgieron a partir de cuadros emblemáticos; en *Historia natural* tienes poemas que se relacionan con cuadros de Goya, de Munch, etc. ¿Por qué esta relación tan vinculante entre tu poesía y la pintura?

J.W: Siempre digo que soy un pintor frustrado. Antes de estudiar Arquitectura, quise ser pintor, por lo que estudié en la Escuela de Bellas Artes de Trujillo. Por ese entonces, estaba muy influido por mi padre. Como bien saben, él era un migrante japonés. A pesar de trabajar en haciendas azucareras como la de Laredo, porque en esa época no había otro trabajo para los japoneses debido al racismo peruano, mi padre tenía un nivel cultural mayor. Él poseía libros de pintura, y los conservo hasta hoy, textos de reproducciones de Cézanne, de Camille Pissarro, entre otros. Ahora me da un poco de gracia y un poco de pena imaginar a mi padre en medio de los cañaverales, viendo a Cézanne o admirando los cuadros de Pissarro entre otras personas que, seguramente, tenían otras habilidades, pero no necesariamente sabían apreciar la pintura. Él me influyó mucho, por lo que con el tiempo yo también quise ser un pintor. Recuerdo que, a pesar de su modestia, me compraba colores muy caros, de esa famosa marca francesa Caran D' Arche. Me conmueve pensar cómo él, que no tenía mucho dinero, que vivía tan ajustado, compraba colores tan caros para que yo pintara. Creo que él veía en mi, más que en mis hermanos, una vocación por pintar o por modelar cosas de barro o de arcilla.

A&Z: De una manera u otra, tu padre quería formarte y, a la vez, llevarte a sus terrenos plásticos.

J.W: Y lo consiguió, porque, en cuanto acabé la secundaria, me matriculé en la Escuela de Bellas Artes de Trujillo. Pero en esa época, lamentablemente, la formación de un pintor empezaba por elaborar bodegones de tipo indigenista, vasijas, mantas huancaínas, zapallos. Era simplemente aburridísimo.

A&Z: Pero mantienes algo de la técnica del pintor: de un paisaje determinado tomas los elementos que te interesan y, a partir de ellos, generas un poema. Hay un ojo selectivo y determinante que se siente en tus textos. ¿Qué pintor es más afín a tu sensibilidad?

J.W: Mi pintor preferido es Matisse. Siento que su arte es más acorde con mi sensibilidad. Ahora en París vi una exposición: "Los últimos 14 de Matisse". Él tuvo una enfermedad muy grave y sobrevivió 14 años. En ese tiempo siguió pintando, sobre todo, recortando las famosas figuras, esos azules... y creó una especie de arte gráfico, pero paradójicamente pictórico. En esa exposición parece preguntarse "¿qué soy yo, artista plástico o pintor?" Hay un momento en que Matisse logra convencerse de que es pintor a pesar de que recorte papeles. Me gustan los pintores que, como él, evolucionan lentamente. Picasso daba muchos saltos dramáticos.

A&Z: ¿Te consideras un poeta cromático?, ¿te interesa sugerir, ser visual?

J.W: Por ahí hay una tesis sobre mi obra que se llama "La poética del ojo" hecha por Luis Jara. Estoy de acuerdo con él: mi poética es del ojo, de lo que he visto, de lo que veo. Claro, muchas veces lo que veo está armado en mi memoria, no tengo que ver "naturalistamente" un paisaje para sentir deseos de escribir un poema.

A&Z: Pero ya has escrito sobre eso. En tu poema M*i ojo tiene sus razones*, se percibe la importancia de poder distinguir los elementos relevantes de un paisaje, para armar una escenografía.

J.W: Es cierto, lo primero que imagino es una escenografía. Imagino un escenario, ese escenario puede estar armado de distintos escenarios. Luego hago un croquis en el papel para decir: "esto acaba acá, esto allá". Creo que no tengo mucha imaginación verbal y por eso busco apoyarme en una escenografía. Se escribe a partir del reconocimiento de las propias limitaciones.

Antígona: la dramaturgia como vía de vindicación

A&Z: Con respecto a tu labor en el teatro, ¿cómo evalúas tu trabajo dramatúrgico?

J.W: Realmente no pensaba hacer teatro. Sin embargo, un día me invitaron a conversar los amigos del grupo Yuyachkani. Me propusieron hacer una adaptación de *Antígona* para un unipersonal. Les pedí un tiempo para pensar la propuesta. Al llegar a mi casa, releí *Antígona*, la de Sófocles, obviamente (en una excelente traducción de Ignacio Errandonea), y otras, como la de Anouilh. En un inicio pensé que no debía hacerlo. Me atemorizaba abordar una obra de esa envergadura, pero me pasó por la cabeza una idea, digamos, ética y, en cierta forma, alentadora: todos los países deben tener su propia adaptación de *Antígona*. Habíamos vivido los años de la violencia y quedaban los desaparecidos, los muertos insepultos, las fosas comunes. Había que hacer "nuestra" *Antígona*. Propuse hacer la adaptación en verso porque sentí que el verso me iba a ser más cómodo para elaborar la metáfora de esos años terribles.

A&Z: ¿Aplicaste tu experiencia como elaborador de guiones en este trabajo?

J.W: En gran medida. No exagero si digo que al comienzo trabajé esa adaptación como un guión de cine. Hice lo que en guión se llama escaleta: la escaleta es poner en orden las distintas escenas de una película, claro que dentro de la estructura que has previsto. Este proceso del guión es muy importante, porque ves la obra puesta, por decirlo así, en un cordel donde vas colgando las distintas escenas y donde puedes ir calculando la progresión dramática y el ritmo. Esta técnica es valiosa porque te permite hacer más veloz o menos veloz el ritmo de una escena sin perder la perspectiva de la totalidad de la obra. A los de Yuyachkani les gustó esa forma de trabajar. Así que cada dos o tres días les entregaba una escena: Teresa Ralli la aprendía y la ensayaba. Yo iba escribiendo, ella iba ensayando. Estábamos presionados, aún así me dieron el tiempo que necesitaba para terminar la adaptación. A pesar de algunos momentos de tensión. Fue una hermosa experiencia. Ellos son muy profesionales.

A&Z: Sin duda, ese ánimo de enfrentarse al autoritarismo vertical fue lo que más te atrajo de este personaje, pero ¿además utilizaste otras formas cinematográficas para tu adaptación?

J.W: Para mí fue interesante descubrir cómo la forma se hace contenido. Me di cuenta de que la adaptación me permitía agregar un elemento de tipo cinematográfico. Como bien saben, en mi adaptación, la obra es narrada por una mujer, que al final sabemos que es Ismene, la hermana que no quiso participar. Esa es una sorpresa final muy cinematográfica. Además, no era gratuito, porque ese artificio estaba muy ligado a un contenido. Ismene se vinculaba con todos nosotros, con todos aquellos que no quisimos comprometernos con los problemas de esa coyuntura: Ismene encarna esa culpa que nos atormenta. Como castigo a esa actitud pasiva, ella repetirá el texto eternamente.

A&Z: La destreza con que te moviste en la construcción de *Antígona*, ¿no te ha incitado a escribir teatro de tu propia invención?
J.W: En eso estoy. La obra de teatro que estoy haciendo es sobre Valdelomar. Aunque, pensándolo bien, no precisamente sobre él. Cuando leí la biografía de Valdelomar me impresionaron mucho sus viajes por el interior del país. Va a las provincias, a Cajamarca, al norte, dictando conferencias a un público compuesto de obreros y campesinos. No duda en internarse en haciendas azucareras y dialogar con la gente que trabaja ahí. Luego hace otro recorrido hacia el sur y llega al Cuzco. Así, este hombre que decía que el Perú era el *Palais Concert*, trató de internarse en el corazón de la patria, de buscar el país en una época donde no era nada fácil viajar y atravesar la sierra o incluso recorrer la costa. Este hombre no era esa frase bonita, pero trivial con la que se le encasilla: "El Perú es Lima, Lima es el Jirón de la Unión y el Jirón de la Unión es el *Palais Concert*". El agregado de "el *Palais Concert* soy yo" no le pertenece. Aun así esa frase le hacía justicia. Valdelomar fue a buscar un Perú que desconocía y tal vez quiso revelar. Cuando muere en Ayacucho, muere como diputado. Por eso, en el Congreso de la República, en los archivos, está el legado de la muerte de Valdelomar. Como él era congresista, hay un informe oficial sobre su deceso. Este informe cuenta algo que me sorprendió sobremanera: el cadáver de Valdelomar fue traído de Ayacucho a Huancayo en hombros de cuatro indios, cuatro campesinos, quienes atravesaron la cadena andina hasta la estación de trenes de Huancayo. Recibieron por pago pocos soles, algunos quintales de coca y botellas de ron. De Huancayo su

cuerpo fue transportado a Lima por tren. A mí me interesa el tramo de Ayacucho-Huancayo, cuando el cadáver de un hombre exquisito, de un dandi, es trasladado por cuatro indios a los cuales quiso entender y que, al final, como siempre, fueron mal pagados. Es esa parte precisamente la que más me motiva a escribir esta obra de teatro. No necesariamente tengo que señalar al cadáver con el nombre de Valdelomar. Esta peripecia dramática está más allá de un nombre.

El autodidacta: las dispersas, pero sólidas lecturas occidentales

A&Z: Ese gusto por Antígona, como personaje, se relaciona con otros elementos clásicos que se puede ver en tu poesía; es fácil recordar esa cita de Marcial al inicio de *Cosas del cuerpo*.

J.W.: Tal vez en cierta forma. Como bien saben, no he recibido estudios académicos de Literatura. Muchas veces he leído o leo cosas de modo disperso. El epígrafe de Marcial tiene una anécdota muy graciosa. En realidad, titulé el libro *Cosas del cuerpo* porque jugué con una frase que usaba en primaria para ir al baño. Si me levantaba y el profesor o la profesora decía: "¿a dónde va, Watanabe?" Contestaba: "A hacer una cosa del cuerpo". Y jugando con esa frase me di cuenta que debía valorar la función fisiológica. Para mí la función fisiológica tiene una lectura o una dimensión metafísica. Y cuando Lorenzo Osores, el artista gráfico, estaba haciendo la carátula, un amigo común, el narrador Nilo Espinoza, la vio en pantalla y dijo: "Cosas del cuerpo, esa frase yo la he leído en algún lado". Entonces, Nilo fue a sus casa. Estaba obsesionado, estaba seguro que esa frase la conocía. A la mañana siguiente, muy temprano, me llamó, alegre me dijo que había encontrado la frase que daba título a mi poemario. "Es un verso. Es de Marcial", afirmó. Entonces me leyó el verso completo. "Perfecto", le dije, "díctamela que la pongo como epígrafe". Después leí a Marcial.

A&Z: No deja de ser llamativo lo que cuentas, porque siempre se te ha relacionado con la poética oriental, cuando en tus libros dejas claras pistas sobre una fuerte impronta occidental a partir de epígrafes: Wallace Stevens, Ungaretti, etc.

J.W: Conozco la poesía occidental, la que es posible conocer, porque es muy vasta. Del Siglo de Oro, releo a Quevedo. ¡Qué concepciones tan modernas! Hasta cuando agrede a sus enemigos. Un estudiante me preguntó hace poco si hacer verso libre es más fácil que hacer poemas de verso medido y rimado. Le respondí que tal vez quien domine las formas retóricas, la métrica, la rima, puede escribir un poema y salir más o menos airoso. Pero cuando ya no puedes esconderte en formas retóricas, si usas el verso libre, tienes la obligación de darle al lector una percepción distinta del mundo, desplazarlo de su punto de vista cotidiano a otro quizá más intenso. En el caso de Quevedo, siento que no sólo usa todas esas formas retóricas, sino que siempre da un punto de vista, una percepción particular sobre el universo y la realidad. Por ello, para mí, Quevedo es el más moderno de todos los poetas del Siglo de Oro. Conceptos sobre el tiempo o la quietud y el movimiento de la poética de Eliot o de Paz los puedes encontrar en Quevedo. Yo creo que Eliot conocía bien la obra de Quevedo.

A&Z: Has estado viviendo en la Residencia de Estudiantes de Madrid, donde coincidieron Lorca, Alberti, varios poetas de la Generación del 27.

J.W.: Sí pues, por allí andan sus fantasmas. A mí me interesa más Pedro Salinas, que fue cercano a la Residencia. En realidad, le tengo mucho cariño porque *La voz a ti debida* fue el primer libro de poemas que leí completo. Estaba en secundaria y lo compré en una pequeña feria ambulante. Fue una experiencia reveladora. Incluso me da miedo volver a leerlo por temor a que ya no me guste. Tengo el recuerdo de aquel chico adolescente que leía ese poemario, que se sentía transportado por las palabras, por su perfección. Creo que aún recuerdo algunas frases. Si mi memoria no se equivoca son más o menos así: "y cuando ella se desdiga / de lo que entonces me dijo, / no me morderá el dolor / creeré que habré perdido una sombra. / un sueño más". Otro poeta cercano a la Residencia que admiro es Cernuda. Y otro más, pero posterior: José Hierro.

Las influencias gratuitas: dos palabras sobre el haiku y algunas influencias desconocidas

A&Z: Se ha hablado mucho de la influencia del *haiku* en tu poesía; para los críticos es casi un lugar común.
J.W: Siempre me atribuyen una excesiva influencia del *haiku*. Será por mi cara, digo. Pero, efectivamente, tengo influencias del *haiku*. No tanto como forma, sino como espíritu, como actitud, esa actitud del hombre que contempla y que traslada la escena que ve a otros hombres. La traslada cuando intuye que hay algo que está más allá de la escena, algo de aparición súbita que lo toca y lo eleva. Es la actitud del *haijin* la que me gusta; ese hombre que no trata al lector como idiota, diciéndole esto significa esto y aquello esto otro. Esa actitud de alguien que ha visto algo y dice: "he visto esto pero no sé qué significa. Aquí está, te lo describo y a ver si tú sientes lo mismo que yo". La reflexión posterior al *haiku* es distinta en cada persona y debe darse sin palabras.

A&Z: Se podría hacer alusión también a otro tipo de influencias, como la de Harry Martinson o la de Francis Ponge.

J.W: Sí, yo he sido un buen lector de Harry Martinson. Me gusta mucho porque se parece también a los japoneses. No estoy diciendo que tiene influencia del *haiku*; pero también es un poeta de la naturaleza. Tiene incluso un poema que es casi un *haiku*, el poema del hacha. Dice: "he encontrado un hacha clavada en la tierra del bosque, / parece que alguien hubiese querido partir la tierra en dos". A Francis Ponge lo conozco a partir de la revista *Amaru*, que publicó alguno de sus poemas. En verdad, lo conocí plenamente mucho después. Por allí alguien me ha atribuido influencias de Ponge en el sentido de cierta minuciosidad descriptiva.

A&Z: En todo caso, el abanico de tus influencias se desplegaría mucho más allá del *haiku*.

J.W: Claro, yo no escribo *haikus* propiamente, pero sí me interesa mucho la actitud. Esa cosa que no pretende, que no tiene ínfulas de plantearte un gran poema. Creo que esa actitud hace que el autor se acerque más al lector. En mi poesía, también deben estar los herméticos italianos y los poetas norteamericanos posteriores a Eliot, como Theodore Roethke, y quién sabe cuantos más.

La década del 70: el poeta frente a su generación

A&Z: Se te conoce como poeta de la Generación del 70, pero ¿qué relación hubo entre los poetas de tu generación y los del 60 y 50?

J.W: No quiero hacer pose de nada, pero yo siempre me he sentido muy poco literato. Nunca me he tomado la poesía en serio. Por eso, cuando me dicen poeta, me avergüenzo un poco.

Me parece un título demasiado grande. Creo que nunca lo he tomado en serio por una cuestión biográfica. Nací en un pueblo muy pequeño donde estudiar secundaria ya era bastante. Desde ese momento aprendí que hacer algo no era para sentirse más, ni distinto, ni menos extraordinario. Por ello viví al margen del movimiento literario peruano de mi época. Yo vine de mi provincia ya con una cierta mentalidad, con la idea que la poesía debía ser lo más parecido al temperamento de uno. Creo que más que las lecturas, lo que marca el estilo del poeta es su propio temperamento, su propia forma de ser.

A&Z: Entonces, ¿por qué se valora tanto a la Generación del 70, o es que no existe dicha generación?
J.W: Te respondo con una anécdota. Hace poco vino mi "compañero generacional" José Rosas, que vive en París. Una noche me dijo algo que me hizo pensar. "No existe la Generación del 70, hay una continuidad entre la Generación del 60 y el 70. Yo creo que el 60 fue un quiebre frente a la Generación del 50, pero no hay ningún quiebre frente a la llamada Generación del 60 y la del 70. Somos parte de una continuidad". Yo me puse a pensar en su idea; regresé a mi casa, revisé antologías y comprobé que a José Rosas no le faltaba razón. Descubrí que hay una afinidad entre Hinostroza y Verástegui (esa cosa cultista, ese tipo de verso épico), hay una afinidad entre poetas vitalistas como Cisneros y Jorge Pimentel, a pesar de sus diferencias, hay un lenguaje más o menos común. La única diferencia estribaría en que el registro del 70 es más callejero; pero hay que reconocer que el 70 también volvió a la normalidad, muchos buscaron el verso bonito, el verso cisnereano. A veces siento más afinidad con poetas como Marco Matos: esa añoranza del pueblo. Pero, en realidad, mi afinidad viene de los españoles, de Eguren, etc. No me gustan los poemas de vitrina de Eguren,

sino los menos conocidos, los que casi limitan con lo sórdido. En esos textos el lenguaje está más potenciado, tiene más densidad. El poema más famoso es el de "El caballo". Ese verso tan limpio, tan bonito: "un caballo muerto en antigua batalla", tan medido, tan rítmico. Te dice una cosa jodida: "un caballo muerto". Y no muerto en cualquier sitio, "un caballo muerto en batalla", que evoca la Guerra del Pacifico, etc. A partir de esas lecturas me doy cuenta que el lenguaje tiene esa doble condición contradictoria: es limpio, pero denso; es lindo, pero dice cosas duras. A mí me encanta ese lenguaje. A veces pretendo que mi lenguaje sea así.

A&Z: ¿Y cómo era el periodismo cultural de esa época?
J.W: Igual que ahora, casi inexistente. Sinceramente, no esperábamos mucho de ese periodismo cultural, ni de la crítica periodística por esos años. Nosotros habíamos llegado de provincia a conquistar Lima. Lo que queríamos eran auditorios para leer. Y eso sí lo conseguimos.

A&Z: ¿Entre tus amigos se encontraban los narradores, por ejemplo, el grupo *Narración* que en ese entonces empezaba a surgir?
J.W: En ese entonces no había una división entre narradores y poetas. Tan así que yo publiqué un cuento en el primer número de *Narración*. Allí estábamos todos: Reynoso, Miguel Gutiérrez, Gálvez Ronceros, Augustos Higa, el zambo Martínez y también los poetas. Nos juntaban las ganas de discutir, de conocer.

A&Z: ¿Y qué visión tenían los críticos?
J.W: No esperábamos gran cosa de ellos. Estaba José Miguel Oviedo, quien ha tenido un ángulo arbitrario muchas veces. Creo que a nosotros no nos quería demasiado. A unos de los

pocos que comentó cuando publicó fue a Balo Sánchez León, quizá porque había sido su alumno. Oviedo no arriesgaba mucho. Recuerdo que más bien comentaba a autores que ya tenían cartel en otros países.

A&Z: ¿Qué reflexión harías al evaluar el devenir poético de tus coetáneos?

J.W: Yo creo que si los poetas de *Hora Zero* hubieran persistido en ese lenguaje más coloquial, que de alguna manera mandaba al diablo el lenguaje tradicional, formal, estoy seguro que hubiese salido un enorme poeta. Si uno de ellos realmente hubiese asumido ese lenguaje de irrupción de clase media, que viene, se planta y dice: "Este es mi lenguaje pues, así hablo yo, pues"; estoy seguro que hubiéramos tenido un gran libro. No sé por qué no ocurrió eso, a pesar de que habíamos leído a Eliot y *La tierra baldía*, la cual sabíamos de memoria, donde el lenguaje eclosiona, donde todo mundo habla, donde los hablantes aparecen con sus propio lenguaje terriblemente desorientados, espantosamente incomunicados. Creo que el tiempo que vivíamos era para algo así. Con esto no quiero decir que *Hora Zero* no aglutinó a excelentes poetas, pero creo que, como movimiento, y a juzgar por sus manifiestos, no fueron más radicales.

La circunnavegación textual: las reflexiones de un poeta autobiográfico

A&Z: Cuando uno lee *Álbum de familia* sorprende un hecho particular; hay una mirada masculina condenatoria del personaje femenino. En el poemario, lo femenino se relaciona con lo escabroso, lo fútil, lo perverso y corruptor, ¿a qué crees que se deba esta perspectiva tan poco favorable hacia la mujer en tus textos iniciales?, ¿tal vez se deba a esa visión de la madre tan poco favorable que has tenido en varios textos?

J.W: Sí, reconozco eso. Pero esa imagen atraviesa varios libros míos, no solamente *Álbum de familia*. Uno siempre es autobiográfico, y no hay que temer serlo. Un amigo psiquiatra me dijo que había masculinizado a mi madre y feminizado a mi padre. Y me citó uno de mis versos que dice: "El sol era nuestra leona". Inconscientemente, he relacionado la imagen de dureza con mi madre, y la imagen de protección con mi padre. Así lo he "literaturizado", no sin cometer injusticias. Incluso hay un poema muy duro, *Mamá cumple 75 años*, donde digo: "Tú eres nuestra más antigua dolencia". No pude dejar de escribirlo así. Pero por estos días acabo de escribir un poema con la nueva imagen que ahora tengo de mi madre, porque creo que ya es tiempo de ajustar cuentas y valorar las cosas como fueron.

A&Z: Pero la imagen de la mujer cambia en *Habitó entre nosotros*.
J.W: Claro, porque la mujer de *Habitó entre nosotros* es la madre de mis hijas, mi referente femenino ya no es mi madre. Tal vez todo parte del asombro ante el embarazo. En el primer poema, cuando a la Virgen María le crece el vientre, comienza a alejarse de la especie humana, se aleja porque se transforma en otro ser. Cuando alumbra, vuelve a nuestra especie. La mujer embarazada se transforma casi en un animal mítico, deja de parecerse a nosotros.

A&Z: Indudablemente, te asombran todas las posibilidades del cuerpo. Lo fisiológico, lo orgánico son una constante en tu poesía. Tomando en cuenta *Habitó entre nosotros*, ¿se podría decir que quisiste representar un Cristo más corporal para evitar construir un texto espiritual?
J.W: Nunca quise escribir un poemario religioso. En una conversación con mi amigo, el pintor Eduardo Tokeshi, le planteé escribir poemas a partir de un cuadro, cualquier cuadro, no necesariamente religioso. Tokeshi, en base a los

poemas y en base a los cuadros originales, haría grabados a su estilo. El objetivo era publicar un libro de poemas y grabados. Entonces comencé a escribir. Una noche me di cuenta de que los primeros poemas tenían que ver con la vida de Cristo. Sin querer había empezado por ver pintura religiosa: era *La resurrección de Lázaro* (un fresco de Giotto), *Cristo cargando la cruz* (un cuadro de Bruegel). En ese momento se me ocurrió escribir un poemario basado en los pasajes de la vida de Cristo, ya no en la pintura. Me aboqué a leer la Biblia con atención, los Evangelios. Por un instante pensé que me iban a acusar de arrogante, pero ya estaba embarcado en la idea del poemario. Ahora con Tokeshi tengo pendiente otro proyecto, uno muy distinto.

A&Z: Pero siendo Cristo un personaje tan tratado, ¿qué aspecto de él te interesó destacar?

J.W: Quería asumir la voz de los que conocieron a Cristo muy de cerca y, por lo tanto, no lo vieron divinizado: su mamá, la cual no lo veía como hijo de Dios (para ella era su hijo: el que hace caca, al que hay que darle de comer); la vieja que pone la última cena, esa vieja chismosa que dice "ese pata, ¿quién será? Dice que es Dios, pero ¿quién será?" Todas son personas que lo han conocido. Incluso el ciego de Jericó curado por él, quien sin duda pensó: "no me cures totalmente. ¡Déjame algo de pendejada!". Sólo hay un poema donde habla Cristo: *Razón de las parábolas*, el cual es una suerte de arte poética. Aún así no deja de ser un Cristo ecuménico. En otro poema, *La samaritana*, Cristo mira el paisaje durante el mediodía, cuando todas las cosas adquieren una presencia infinita, cuando hay una sensación de inmortalidad. Entonces, ahí se convence que sí puede ser inmortal, pero debido a esa contemplación que ha hecho del mundo, no por lo que le han dicho. Creo que Cristo no estaba muy seguro que iba a ser inmortal.

A&Z: Al utilizar personajes y temas históricos, ¿*Habitó entre nosotros* sería una vuelta de tuerca con respecto a lo hecho anteriormente?

J.W: Creo que es una prolongación o, mejor, un avance en la misma línea. El lenguaje está más desnudo, los poemas son más "aéreos", pero creo que no es una vuelta de tuerca. Siento que *Habtitó entre nosotros* es un libro que no ha sido bien comprendido. El tema no ha interrumpido mis preocupaciones esenciales. Tampoco ha cambiado mi modo de escribir: este detenerme frente a un hecho o paisaje porque vi que allí había "algo", una revelación. Los pasajes de los Evangelios me traían ese hecho o paisaje a la imaginación. Ver realmente o imaginar es lo mismo.

A&Z: ¿Cómo conciliar un referente tan occidental con el registro de la poesía oriental, la cual sin duda ha tenido mucha influencia en ti?

J.W: Tengo influencia de la literatura oriental en la medida que mi poesía tiene un fuerte ánimo contemplativo. Lo occidental y lo oriental, específicamente, lo japonés, no están peleados dentro de mí. No tengo que conciliar estos dos referentes. Se han ido conciliando solos. Es un aspecto de mi mestizaje.

La ausencia de poéticas en el Perú: el temor de la pedantería

A&Z: Sabemos de tu poética por entrevistas, pero no has redactado un texto donde expreses y expliques sobre tu propio quehacer, ¿por qué crees que no exista esta tradición auto reflexiva por parte de los poetas en nuestro país?

J.W: Nunca me había puesto a pensar en ese asunto. Sinceramente, me sentiría inhibido de hacer una poética. En el Perú estamos acostumbrados a ser pedantes disfrazados de modestos. Tal vez escribir sobre tu propia poética sería revelarte como pedante, y tenemos un profundo miedo a eso. Por lo menos yo no tengo cuajo de decir: "voy hablar de mí mismo". La sola idea me avergüenza: imagino que es difícil evitar el tono de cátedra.

A&Z: Sin embargo, esa reflexión crítica sí ha ocurrido en nuestra narrativa, pienso en Arguedas, Vargas Llosa, Ribeyro, etc.
J.W: Creo que la narrativa es más comentable, la poesía es mucho más íntima. Por más "exteriorista" que se presente, siempre la poesía es íntima. Además, a mí me gusta reflexionar con personas, porque la escritura esquematiza un poco las cosas, no transfiere los gestos, ni los silencios, lo cual sí es posible percibir mediante el diálogo. La narrativa, cuando elabora crítica, no puede dejar de incluir en sus reflexiones la zona de realidad que revela, los tipos de percepción de esa realidad, etc. La poesía no tiene esas preocupaciones, por lo menos, de modo inmediato.

Sobre la crítica y los críticos: el arte de la confrontación y una alegoría sobre la condición del poeta en nuestro tiempo

A&Z: Tontamente, siempre se ha confrontado a los poetas con los críticos. Sabemos que lees crítica literaria, que revisas las revistas académicas. ¿De alguna forma éstas te ayudan a crear o a comprender ciertos hechos de nuestra realidad cultural?
J.W: Acabo de leer en la revista *Fórmix* dos análisis sobre la revista *Sur*, que tiene que ver mucho con la polémica reciente entre Andinos y Criollos. La revista *Sur* estaba dirigida por Victoria Ocampo y participaron Borges, Silvina Ocampo, Oliverio Girondo, Reyes y otros grandes escritores. Era una gran revista que agrupaba a gente grande. Pero, a pesar de su grandeza, esta gente no se dio cuenta que estaba homogenizando y dando una sola visión de lo que era la literatura

argentina, y que desplazaban otras literaturas alternativas. ¿Qué imagen nos da ahora *Sur*? La de un bloque cultural muy unitario que expresa un país muy unitario. Algo parecido ocurre en nuestro país con los llamados hegemónicos, los limeños. De aquí a 20 o 30 años, no sé, Cueto no sería tan distinto de Ampuero ni de Iván Thays. Tendrían un fuerte aire de familia: los mismos espacios, semejantes perfiles de los personajes, parecida problemática vital, etc. Habría algo de monotonía. Pero felizmente, tenemos los nombres de Rivera Martínez, Miguel Gutiérrez, Reinoso y otros. La mayor o menor aparición en los medios es circunstancial. Todas las obras van a estar allí, con su diversidad de espacios geográficos y sociales; van a estar allí para que la justicia poética, en este caso narrativa, ponga las cosas en su lugar. Pero me preguntabas si leo revistas de crítica. Sí, porque en buena medida te ayudan a confrontar tu propia obra, ora te apoyan ora te desmienten. Prefiero leer la crítica que me empuja a ir a una librería, que me motiva a leer o investigar sobre un autor; esa es la crítica en la que yo creo. Porque luego vienen los reconstructores, los semióticos, los cuales entiendo, aunque siempre termino preguntándome, ¿para qué sirven?

A&Z: A propósito de eso, pocas veces los críticos te han desmentido o tratado mal. En general, la crítica ha elogiado tus textos. Incluso han contrastado tus poemas con textos de Shakespeare y Baudelaire.
J.W: He tenido suerte. En cuanto a las comparaciones, me parecen desmesuradas, pero los críticos tienen todo el derecho de decir lo que quieran. Cuando Miguel Ángel Huamán hace un paralelismo entre *El Albatros* de Baudelaire y mi poema *La oruga*, no está haciendo valoraciones, está contrastando el vuelo del albatros, torpe en tierra, pero de vuelo elegante, y leyendo en este vuelo elegante la capacidad de elevarse del hombre, de bus-

car utopías, como era natural a mediados del siglo XIX, con mi oruga que duda en convertirse en mariposa, que piensa que tal vez es mejor vivir pegada a la tierra. Huamán dice que mi oruga es posmoderna en su decepción.

A&Z: Con respecto a eso, el poema que le da título a tu último libro, *La piedra alada*, ¿consideras que ese pelícano que se está muriendo, que termina reduciéndose a un ala que se bate en la piedra, encierra tu visión del poeta contemporáneo?

J.W: Sí, pienso que esa es la imagen del poeta contemporáneo, que pugna por elevarse, que intenta levantar la piedra. Es un esfuerzo noble y conmovedor semejante al de Sísifo. El poeta tiene una maldición: quizás nunca levante la piedra, pero al igual que Sísifo no debe dejar de intentar llegar a la cima. No debe de renunciar a la idea de volar. Pero no quiero hacer mucho lirismo sobre eso. Ahora que pienso sobre ese poema, creo que me excedí al final, nunca debí poner "pero no hacerla volar", simplemente debí escribir "que el viento la siga moviendo"; cuando lo corrija, tal vez, corte ese último verso.

A&Z: ¿Por qué el título *La piedra alada?*

J.W: Es una imagen muy realista. La vi en Huanchaco. Un pelícano murió sobre una piedra, poco a poco su cuerpo desapareció y sólo quedó una de sus alas sobre la piedra, la cual era agitada por el viento.

Una breve mirada al presente de la poesía peruana

A&Z: Supongo que hay muchos poetas jóvenes que se te acercan y te dan sus poemarios. Además, has sido jurado de concursos poéticos, sabes lo que se está escribiendo. Pero ante el babel de nombres y publicaciones, es bueno hacer algunos juicios distintivos. ¿Qué poetas jóvenes te agradan o motivan?

J.W: No me gustaría decir nombres. Creo que todavía no tengo la perspectiva necesaria para opinar al respecto. Aunque sí he notado que hay mucho inmanentismo, mucha poesía del lenguaje.

A&Z: ¿Podrías explicarte?

J.W: No me gusta la poesía literaria, tampoco me gustan los poetas que ven su experiencia como literaria de antemano. Voy a citar un ejemplo. Alguna vez vino a mi casa un muchacho con su poemario; quería saber mi opinión sobre su trabajo. A los pocos días regresó y le pregunté: ¿conoces el centeno? Él me miro contrariado, luego respondió que no. Entonces leí un verso suyo donde decía: "Y yo vi a través de la puerta el paso de tu cabello de centeno". Pienso que las palabras hay que experimentarlas, hay que vivirlas. El poeta debe tener experiencia real de la palabra. Acaso si el joven poeta hubiese conocido la palabra centeno no le hubiese atribuido cabellos de centeno a la chica. Para ejemplificar esto podría citar ese verso de Vallejo: "papeles, alfalfares, cebadales, cosa buena". Vallejo experimentó esas cosas y su nombre. Creo que si él no hubiese vivido en Santiago de Chuco, jamás habría tenido el atrevimiento, en una época modernista, de poner esas palabras aparentemente toscas, rústicas.

A&Z: ¿No te parece que tu visión de la poesía es muy sesgada?

J.W: No creo. Simplemente pienso que no se debe "literaturizar" de antemano. Creo que los poetas deben vivir. Hay que estar en el torrente de la vida. Los chicos deberían meterse más al mundo, asimilarlo. Se dice que los poetas de los setentas éramos vitalistas; así pues, estábamos allí en la plaza San Martín vagando.

A&Z: Sin duda, tus conceptos se encuentran en la orilla opuesta del surrealismo. Para escribir te documentas, partes plenamente de un referente, te apoyas en aquello que la propia realidad te otorga.

J.W: Sí, la poesía surrealista es puramente verbal. En ese sentido, es la crítica que le hace Carpentier a los surrealistas. Está en el prólogo de *El reino de este mundo*. No la recuerdo muy claramente, pero dice algo así como "si voy a un mercado haitiano, camino por un pasaje formado por cabezas degolladas de carnero. Parece una escena surrealista, pero es lo que realmente, palpablemente, sucede y veo". Es decir, no es una realidad ficcionalizada a nivel de palabras; la realidad misma se ha exacerbado. A veces no se exacerba, sino que acomoda discretamente dos o tres elementos que al relacionarse forman ese núcleo poético del que les hablaba. Yo trato de encontrar esos núcleos para escribir mis poemas.

Husos de narrador: el laberinto del minotauro

A&Z: Un elemento relevante en tu escritura es el elemento narrativo, ¿qué ventajas le otorga ese nivel de la narratividad a tus poemas?

J.W: Mi poesía tiene un elemento narrativo claro, siento la necesidad de narrar, de conducir al lector hacia ese final abierto, hacia esa insinuación de sabiduría que quiero presentar. Además, me interesa que la gente pueda recordar el poema a partir de la anécdota, porque si no el poema se va de la mente, a pesar que haya sido muy profundamente dicho. Prefiero los poetas que me dejan algo para pensar, que me plantean tareas, y esa tarea comienza por recordar la anécdota a modo de imagen. Creo que ese elemento narrativo es el que ha hecho que mi poesía atraiga a los lectores, sobre todo a los jóvenes.

A&Z: ¿Actualmente mantienes ese aliento narrativo?

J.W.: Desde que hice el guión de Antígona, pensé en escribir poesía narrativa de aliento más largo. En este momento, estoy escribiendo un nuevo libro: *El minotauro*. Este texto me permite ensayar un nuevo lenguaje. Me he planteado una suerte de desafío: "¿qué pasa si me encierro con un personaje en un laberinto donde no hay nada, donde no hay paisaje en qué apoyarme, donde no voy a encontrar ese núcleo que me permite poetizar?". En este nuevo poemario el minotauro está reflexionando todo el tiempo.

A&Z: ¿Tu minotauro piensa y monologa como el *Asterión* de Borges?

J.W: Pero hay una diferencia: en mi poemario, el Minotauro es un ser que está reflexionando todo el tiempo y al final termina convertido en el propio lenguaje. En un momento dice: "sería nada si no hablo". El poema, abarca el nacimiento de Minotauro, su encierro y su experiencia en el laberinto. En su soledad, su única relación es con el sol cenital, al cual asume como su padre. En ese momento, el Minotauro está insinuado como lenguaje. Ante la monstruosidad que le adjudican, se pregunta: "¿Pero quién es el monstruoso?, ¿acaso yo con esta cabeza de Toro soy distinto de aquel que tiene cabeza más pequeña?, ¿cuál es la categoría de lo monstruoso?" Al llegar Teseo se ha transformado en lenguaje, en un revoltijo problemático. Entonces, piensa: "estoy sentado aquí como un derrumbe de piedras, en un laberinto y no puedo nombrar la más fina de mis arterias, no puedo nombrar el último nervio que se hace espíritu. Si no puedo nombrarlo completamente, entonces no soy yo. Soy sólo un derrumbe de piedra tosca". Por eso, al enfrentarse a Teseo es herido mortalmente porque ha fallado en el ritmo. En esa danza entre la muerte y la espada, en una de sus embestidas, dice: "esta espada ha entrado en el cuerpo, qué extraña es un espada en el cuerpo. He fallado en el ritmo, por eso he perdido, porque he cometido un traspié en plena danza". Antes de morir profiere un grito enorme; su muerte significa el fin del lenguaje.

A&Z: Cuando el lenguaje pierde su ritmo queda el grito.
J.W: Y ese grito se fragmenta. Llega un momento en el que ya no sabemos si el Minotauro está alucinando en su agonía. Entre estertores dice: "los perros pensarán qué extraña sustancia ésta que no se puede morder" Y muere pensando: "allí estaré yo, acomodando estrellas como palabras".

A&Z: ¿Ese extenso poemario narrativo responde al modelo aristotélico?
J.W: Tiene algo de la segmentación aristotélica de una narración. Hay un comienzo, una confrontación y un desenlace. Para escribirlo, usé algunos procedimientos de guión cinematográfico, como en *Antígona*. Nuevamente usé la escaleta, es decir, las fichas de cada escena para escribir. En este caso, de cada poema. Este proceso puede parecer frío, pero no lo es. No lo es porque allí no está la carga afectiva que uno va a poner en los poemas. Eso depende de la tensión del momento en que uno escribe.

A&Z: Entonces, desde tu perspectiva, en la poesía hay un matrimonio entre el orden y la intuición.
J.W: Exacto. Así escribo también los poemas unitarios o sueltos, que siempre van saliendo en forma paralela al proyecto que tengo entre manos. En el futuro pienso escribir un poemario sobre "la lluvia del 25", que trata de un diluvio que ocurrió en el norte. Yo crecí escuchando a la gente hablar de esa lluvia. El tiempo se dividía entre antes y después de esa lluvia. Los aguaceros incesantes desbordaron los ríos, desenterraron los muertos, produjeron aludes, destruyeron mi pueblo. Mi padre cantaba

durante la tempestad que mató a sus hijos. Su cantar aterraba a la gente, más aún porque lo hacía en japonés. La gente lloraba al escuchar a mi padre. Es un poema con un nivel muy personal, muy íntimo. Parece una fatalidad peruana; se destruye lo que construimos y volvemos a construir. Otra vez Sísifo.

Las engañosas aguas mansas: los narradores japoneses

A&Z: Sabemos que eres un atento lector de narrativa, ¿qué buscas al leer una novela?

J.W: En general, me gustan mucho los que escriben con lenguaje limpio pero dicen cosas duras. Casi todos los narradores japoneses del siglo XX: Akutagawa, Osamu Dazai, Mishima, Tanizaki, Kawabata, Oé, etcétera, escriben con un lenguaje lírico, transparente, pero con esa naturalidad te están contando algo terrible y, a veces, perverso.

A&Z: ¿Entonces, no te gusta *La guerra del fin del mudo*?

J.W: Me gusta porque está muy cerca de nosotros. El Consejero puede ser como cualquier líder mesiánico peruano. Son sociedades como la nuestra las que permiten que aparezcan líderes de este tipo. Además, *La guerra del fin del mundo* como estructura de lenguaje es genial, es una orquesta. En cambio, novelas como *El paraíso en la otra esquina* no me entusiasman. Creo en la experiencia, no por la experiencia pura, sino en la medida que le da fuerza a la obra literaria, que le da sustento. Por ejemplo, *Cien años de soledad* me gusta porque tiene una base real. Eso de que aparezcan mariposas amarillas... En Laredo no aparecían mariposas amarillas, pero sí, de un día para otro, millones de escarabajos o grillos. Qué distinto en cambio *El otoño del patriarca*. En esa novela, García Márquez deja de hacer realismo mágico y se transforma en Mandrake.

La poesía y la sociedad: las miradas fulgurales al entorno

A&Z: Has confesado que tus poemas nacen de experiencias muy personales. Sin embargo, hay poemas donde te acercas a ciertos problemas sociales como *El grito (Edvard Munch)*, donde se percibe cierta resonancia de la época del terrorismo, ¿eres consciente de esas relaciones, de esos correlatos?

J.W: Sí, *El grito* se me ocurrió cuando vi en los periódicos los muertos de Molinos, en Huancayo. Los cadáveres estaban tendidos cerca del río y yo pensaba que esa sangre estaba llegando al río Mantaro y lo teñía de rojo. Conozco el río Mantaro cuando pasa por las comunidades de ese valle, pero en el poema no tenía por qué ser textual. Puse esa sangre en el río de Chosica, en cuyo puente estaba cuando me enteré de esa masacre. Utilicé la pintura de Munch: esa mujer que viene gritando, que parece que se acaba mientras grita; ese terrible grito que llama metafísico. Ella gritaba por mí. Eso digo en el poema: que yo, como poeta, no puedo gritar porque mi estilo, mi lenguaje, es mi represión. Uno percibe la limitación de la poesía en momentos así.

A&Z: Entonces, hay una conciencia o deber social oculto en la elaboración de estos textos.

J.W.: Sí, pero hay que tener cuidado con el famosos deber social de la poesía. Se pueden poetizar los dramas sociales cuando hay distancia, si no corremos el riesgo del panfleto, del inmediatismo. Antígona interpela y reta al poder, a cualquier poder, Creonte, Fujimori o como se llame el dictador. En el Minotauro, también aludo a la violencia que nos tocó vivir. Poco a poco las cosas van saliendo, se van poetizando sin apuro. El Minotauro imagina que lejos del laberinto ha habido una guerra. Imagina escenas terribles. Como las fotos de la *Comisión de la Verdad*. Entonces, piensa que el lenguaje ya no será el mismo, que la violencia también lo habrá afectado. "Yo, que no desconozco la violencia, temo las nuevas palabras", dice.

A&Z: Con ello estás haciendo una metáfora del lenguaje de nuestro país, el cual ya no puede ser el mismo después de la época de la violencia.

J.W.: Claro, por eso el Minotauro piensa que su lenguaje puede estar desfasado, porque ha sido elaborado en tiempo de paz.

Sobre la fe en las antologías

A&Z: De un tiempo a esta parte, las antologías han vuelto a inundar el mercado local y más de una ha sido discutida. ¿Te parece beneficioso el papel de éstas?

J.W.: Yo sí creo en las antologías. Sé que muchos no creen en ellas, pero cuando un poeta posee una voz propia, basta que leas algunos poemas para que tengas una idea definida del autor. En esa medida, la poesía es poco exigente en insumos. Puedes leer dos haikus y si los lees bien, hasta puedes escribir uno, porque un poema contiene en sí la forma en que se escribe. En mi época sólo se habían traducido unos ocho o diez poemas de los *Cantos pisanos* de Pound. Ahora que he leído otros cantos, no he cambiado mi concepción de ese libro. Pienso que con pocos poemas puedes tener la idea de lo que es un poeta.

A&Z: ¿Cómo asumes los reconocimientos institucionales? ¿Sientes un impulso para seguir trabajando? ¿Han influido en tu proceso creativo?

J.W: Hay una reacción contradictoria o reacción doble porque, por un lado, te avergüenza, pero, por otro lado, piensas: "está bien, me lo merezco". Por ejemplo, cuando salió el reconocimiento a *El Huso de la palabra* en la revista *Debate*, salía, por ese entonces, de una depresión profunda. Escribí ese texto casi arrastrándome; en verdad, me olvidé del lenguaje. Inclusive me negaba a escribir, ni siquiera quería ir a mi escritorio. Para reponerme, puse cerca de mi cama la tabla de planchar. Entonces cuando se me ocurría un poema, me ponía a escribir sobre la tabla. De esa forma, el poema no era asumido tan intelectualmente, tan en pose de escritor. Eso ayudó en gran medida.

Los premios y los reconocimientos: la reacción doble y la importancia de ser profeta en su tierra

A&Z: ¿Cómo asumes el éxito obtenido en España, primero con tu antología *Elogio del refrenamiento* y ahora con tu último poemario *La piedra alada*? ¿ Cómo asimilar el éxito en el extranjero?
J.W: No voy a decir que no me complace. Claro que me alegra haber conseguido un público más amplio. Pero no hay nada como ser reconocido en tu propio país. Acabo de estar en España y todo el tiempo sentí que el excelente trato que me daban era porque se habían equivocado de persona. Si alguien sospecha que esto tiene que ver con un posible complejito de provinciano en la capital, se equivoca. Mi ego está en su mismo nivel aquí o allá. Es algo que tiene que ver más con la plenitud del espíritu. Aquí, en el Perú, el reconocimiento significa anímicamente más, colma más. Aquí publicas tu obra con la esperanza de que interactúe con la cultura donde te formaste. Creo que por eso los escritores peruanos que viven y escriben fuera vienen a presentar sus libros aquí. Todos finalmente queremos hacer contacto con nuestro referente más profundo, nuestro propio país.

ÍNDICE

El desierto nunca se acaba de José Watanabe
se terminó de imprimir en abril de 2013
en la Ciudad de México.

www.ingramcontent.com/pod-product-compliance
Lightning Source LLC
LaVergne TN
LVHW041512170726
843492LV00005B/1464